ALBERT MENNE

EINFÜHRUNG IN DIE METHODOLOGIE

Edward v. Niederhäusern
Allmendstrasse 1
8142 Uitikon Waldegg
Tel./Fax 01/491 09 21

D1943129

DIE PHILOSOPHIE

Einführungen in Gegenstand, Methoden und Ergebnisse
ihrer Disziplinen

WISSENSCHAFTLICHE BUCHGESELLSCHAFT
DARMSTADT

ALBERT MENNE

EINFÜHRUNG IN DIE METHODOLOGIE

Elementare allgemeine wissenschaftliche Denkmethoden im Überblick

WISSENSCHAFTLICHE BUCHGESELLSCHAFT
DARMSTADT

Einbandgestaltung: Neil McBeath, Stuttgart.

1. Aufl. 1980
2., verbesserte Auflage 1984

Die Deutsche Bibliothek – CIP-Einheitsaufnahme

Menne, Albert:
Einführung in die Methodologie: elementare allgemeine wissenschaftl. Denkmethoden im Überblick / Albert Menne. – 3. Aufl. – Darmstadt: Wiss. Buchges., 1992
(Die Philosophie)
ISBN 3-534-05251-X

Bestellnummer 05251-X

Das Werk ist in allen seinen Teilen urheberrechtlich geschützt.
Jede Verwertung ist ohne Zustimmung des Verlages unzulässig.
Das gilt insbesondere für Vervielfältigungen,
Übersetzungen, Mikroverfilmungen und die Einspeicherung in
und Verarbeitung durch elektronische Systeme.

3. Auflage 1992
© 1984 by Wissenschaftliche Buchgesellschaft, Darmstadt
Gedruckt auf säurefreiem und alterungsbeständigem Offsetpapier
Satz: Fotosatz Janß, Pfungstadt
Druck und Einband: Wissenschaftliche Buchgesellschaft, Darmstadt
Printed in Germany
Schrift: Linotype Garamond, 9/11

ISSN 0174-0997
ISBN 3-534-05251-X

INHALT

VORWORT ZUR ERSTEN AUFLAGE

Vor nunmehr hundert Jahren (1879) erschien Gottlob Freges Begriffsschrift, in der viele Gesetze der Aussagenlogik, die in der Scholastik längst bekannt, aber in der Neuzeit dann vergessen wurden, mit strenger axiomatischer Begründung wieder neu aufgestellt wurden. Das Buch fand fast keinerlei Beachtung, so daß Frege völlig verbittert und vereinsamt war, als er 1925 starb. Im letzten Vierteljahrhundert ist nun in Deutschland eine Fülle von Einführungen und Weiterführungen dieser neuen „mathematischen" Logik erschienen. In enger Anlehnung an diese Logik hatte sich im angelsächsischen Raum die Analytische Philosophie entwickelt und weitgehend auf ihrer Basis die moderne Form der Wissenschaftstheorie, über die im letzten Jahrzehnt auch in Deutschland etliche Werke erschienen. Sie untersucht vor allem die prinzipiellen Probleme von Beweis und Falsifizierung, wissenschaftlicher Erklärung und Theorienbildung. Von den elementaren wissenschaftlichen Arbeitsmethoden wird meist nur der Definition Aufmerksamkeit geschenkt. Die moderne Logik ist dabei, vorwiegend eine Logik von Mathematikern für Mathematiker zu werden. Und die Philosophen haben den Mathematikern inzwischen weitgehend die Logik überlassen: es werden allenthalben neue Lehrstühle für Logik und Wissenschaftstheorie eingerichtet, die wiederum hauptsächlich besetzt werden mit Fachleuten, die Mathematik oder Naturwissenschaft entstammen. Daneben werden für manche speziellen Wissenschaften eigene Lehrstühle für Methodenlehre eingerichtet. So hat die spezielle Methodologie vieler Fachwissenschaften in den letzten Jahren Fortschritte gemacht, doch meist wird dabei die allgemeine Methodologie ignoriert. Diese umfaßt solche Methoden, die nicht fachspezifisch, sondern auf wissenschaftliches Arbeiten ganz allgemein ausgerichtet sind. Einiges davon hatte bereits in der Scholastik eine Differenzierung von hohem Niveau erreicht. Doch es wurde weitgehend ebenso vergessen wie die Aussagenlogik, da seit der Renaissance immer mehr der polemischen Aufforderung folgten: „Scholastica sunt — non leguntur!" Deswegen scheint es ein dringendes Desiderat zu sein, die allgemeinen Methoden wissenschaftlicher Arbeit wenigstens einmal im Überblick im Zusammenhang darzustellen. Manches davon ist zwar angewandte Logik, doch die Formale Logik selbst und primär mathematische Methoden, wie z. B. Statistik, sollen hier wegen der nötigen Beschränkung des Raumes nicht einbezogen werden. Ebenfalls sollen ausgeklammert werden technische Arbeitsmethoden, d. h. Umgang mit Hilfsmitteln aller Art, seien es Bücher (Technik des Zitierens z. B.), Karteikarten (Technik der Karteisysteme, z. B. Randlochkarten), Kopiergeräte, Computer (Technik des Programmierens, Computersprachen), Meßgeräte (Meßtheorien, Fehlerrechnung) usf. Es bleiben also solche elementare allgemeine Methoden, die man als wissenschaftliche *Denk*methoden bezeichnen kann: die drei klassischen „D": Definition, Distinktion (Unterscheidung) und Division (Einteilung) sowie die Lehre von der Begründung. Nur gestreift werden Heuristik und Systematik (Hypothese, Theorie), denn die Probleme der Auffindung wissenschaftlicher Erkenntnisse sind weitgehend spezifisch für die einzelnen Wissenschaften und werden deshalb in den speziellen Methodologien ohnehin eingehend behandelt, während die Probleme wissenschaftlicher Erklärung und Theorienbildung in der zeitgenössischen Wissenschaftstheorie breiten Raum einnehmen.

Entsprechend dem Charakter dieser knappen Einführung in ein systematisches Gebiet wurde auf die historische Entwicklung der Begriffe und Probleme nicht eingegangen, abgesehen von gelegentlichen knappen Hinweisen auf den Urheber. Und auch kontroverse Positionen wurden nicht diskutiert. Es wurden vielmehr Gebiete, die sich noch weitgehend in der Diskussion befinden, wie z. B. die Logik der Frage, die Handlungs- und Entscheidungstheorie, möglichst ganz vermieden.

Die Ausführungen über Definition lehnen sich zum großen Teil an das klassische Werk von Walter Dubislav an. Die Abschnitte über Analogie und Bedeutung und manches aus dem Kapitel ›Begründung‹ basieren auf Arbeiten von I. M. Bocheński, die Theorie der Wortkategorien ist eine Weiterführung der Theorie der Worttypen in den ›Untersuchungen zur symbolischen Logik‹ (Helsinki 1935) von Uuno Saarnio. Die Lehr- und Forschungsrelation in der Einleitung, die Abschnitte über die Arten von „wahr" und über „Identität, Gleichheit, Ähnlichkeit" u. a. beruhen auf eigenen Vorarbeiten.

Die differenzierte Numerierung der Abschnitte und Formeln mag zwar von Anfängern als störend empfunden werden, scheint aber nützlich, um auf Formeln und Definitionen verweisen und sie zitieren zu können. Zumal diese Nummern bleiben, während die Seitenzahlen sich bei einer evtl. Neuauflage verschieben.

Die Register erstellte Susanne Teichert, die Bibliographie z. T. Jutta Scheuerer. Beiden danke ich auch für das Mitlesen der Korrekturen.

Bochum, den 9. März 1979 Albert Menne

0. EINLEITUNG

0.0 Vorüberlegung

0.01 Wer aus irgendeinem Grunde einmal selbst eine Hütte oder ein Häuschen bauen möchte, wird dabei drei Arten von Überlegungen anstellen:

1. Er wird sich über das Ziel seiner Bemühungen klarwerden müssen: Soll eine Schrebergartenhütte für Gartengerät und zur Zuflucht bei Regen geschaffen werden oder ist das Ziel vielleicht eine Blockhütte in den Bergen als Ausgangspunkt für und als Rast nach Wanderungen oder evtl. ein Wochenendhäuschen, das als Aufenthalt für einige Ferientage im Sommer geeignet ist, oder gar ein Haus, das auch evtl. als ständige Wohnung dienen kann?
2. Man wird sich überlegen, was einem an Voraussetzungen und Hilfsmitteln zur Verfügung steht bzw. was leicht beschafft werden kann oder noch unbedingt beschafft werden muß: z. B. Baumaterial, Handwerkszeug, Bauplatz. (Dazu gehört in zivilisierten Ländern meist auch noch Geld, behördliche Genehmigung, Zufahrt, Versorgungsleitungsanschlüsse usf.)
3. Man wird sich Gedanken machen über den Weg, der von den Voraussetzungen nach dem Ziele führt. Dieser Von-Nach-Weg wäre die Methode der Verwirklichung des Zieles. Dies Wort, vom griechischen μέθοδος abgeleitet, heißt ganz wörtlich übersetzt „Nach-Weg". Unter Methode verstehen wir das Vorgehen, das Verfahren oder die Art und Weise, wodurch ein Ziel bei gegebenen Voraussetzungen erreicht wird.

Nun wird man vielleicht sagen, die 3. Art der Überlegung sei nicht so wichtig, denn wenn einmal das Ziel feststehe und das Material gegeben sei, ergebe sich damit ganz von selbst auch die Methode. Es stimmt, daß die Methode weitgehend durch Ziel und Voraussetzung bestimmt wird — aber es bleibt doch oft noch die Wahl zwischen verschiedenen Methoden, zumindest kann man mehr oder weniger zweckmäßig, geschickt, wirtschaftlich vorgehen: Nehmen wir z. B. an, es sei eine Berghütte geplant und zur Verfügung ständen als Material Fichtenstämme. Dann wäre z. B. die Palisadenbauweise möglich: Die Stämme werden, angespitzt in die Erde getrieben, mit Weidengeflecht verbunden. Oder die

Stämme werden, roh behauen, waagerecht aufeinandergelegt und an den Ecken der Hütte ineinandergefugt. Oder schließlich werden zwischen senkrechte Ständer von ca. 1 m Abstand waagerecht entsprechende Holzstücke aufeinandergelegt und die Fugen mit Moos oder Lehm abgedichtet.

Es können also auch oft mehrere Wege zum Ziele führen: Ziel und Material schreiben die Methode keineswegs immer eindeutig vor.

Unser Beispiel weist auf verschiedene Bau- und Arbeitsmethoden hin.

Die Methodologie, die Lehre von den Methoden, hat jedoch nicht solche praktischen Methoden zum Gegenstand, sondern sie behandelt wissenschaftliche Methoden, genauer gesagt, Methoden, die als Ziel die Gewinnung wissenschaftlicher Erkenntnisse haben.

Von der Methodologie zu unterscheiden ist die Methodik. Sie ist ein Zweig der Pädagogik und behandelt Lehr- und Lernmethoden.

Nun ist natürlich die Methode der Erkenntnisgewinnung in der Physik eine andere als in der Germanistik. Fast jede Wissenschaft besitzt ihre eigene Methode. Aber es gibt gewisse methodische Verfahren, die für alle Wissenschaften von Bedeutung sind, Methoden, die ein Vorgehen, das wissenschaftlich sein will, stets mehr oder weniger berücksichtigen sollte. Diese allgemein-wissenschaftlichen Methoden sind Gegenstand der allgemeinen Methodologie, die ein Zweig der allgemeinen Wissenschaftslehre oder Wissenschaftstheorie ist.

Die Methodologie ist in diesem Sinne keine streng formale, sondern eine pragmatische Wissenschaft, d. h., sie hat es mit menschlichem Handeln zu tun: sie gibt dem Menschen gewisse Handlungsanweisungen, wie er sein Erkenntnisstreben ordnen soll, welche Hilfsmittel er einsetzen soll, um wissenschaftliche Erkenntnisse wirksam gewinnen zu können.

0.02 So definiert Christoph Sigwart (1830—1904) in seiner Logik (2. Auflage, Bd. II, Seite 3):

> Die Methodologie hat die Aufgabe, Anweisung zu dem Verfahren zu geben, mittels dessen von einem gegebenen Zustande unseres Vorstellens und Wissens aus durch Anwendung der uns von Natur zu Gebote stehenden Denktätigkeit der Zweck, den das menschliche Denken sich setzt, in vollkommener Weise, also durch vollkommen bestimmte Begriffe und vollkommen begründete Urteile erreicht werden könne.

Wenn ich auch nicht für jeden Einzelausdruck dieses Satzes die Haftung übernehmen möchte, so vermittelt er doch in etwa einen zutreffenden Eindruck von dem, was Methodologie soll. Da darin von Begriffen die

Rede ist, möchte ich den Begriff der Methode selbst vorführen in den verschiedenen begrifflichen Prägungen einiger Philosophen.

0.03 Nach Immanuel Kant (1724—1804) heißt Methode die Art und Weise, wie ein gewisses Objekt, zu dessen Erkenntnis sie anzuwenden ist, vollständig zu erkennen sei.

0.04 Nach Jakob Friedrich Fries (1773—1843) heißt Methode die an notwendige Regeln gebundene Handlungsweise. (System der Logik, Seite 508.)

0.05 Johann Friedrich Herbart (1776—1841) versteht unter Methode die allgemeine Angabe der Art und Weise, aus Prinzipien etwas herzuleiten. (Einleitung in die Philosophie, § 13.)

0.06 Konstantin Gutberlet (1837—1928) nennt Methode eine solche Zusammenordnung der Mittel, daß durch dieselbe das Ziel am besten erreicht wird. (Logik, Seite 136.)

0.07 Benno Erdmann (1851—1921) erklärt Methode als die Art und Weise einer Wissenschaft, gültige Urteile über ihren Gegenstand zu gewinnen. (Logik I, Seite 11.)

0.08 Bei Rudolf Stammler (1856—1938) ist Methode der Inbegriff von Regeln, nach denen in grundsätzlicher Weise ein gewisser Stoff des Erkennens oder des Wollens im Sinne einer einheitlichen Einsicht bestimmt und gerichtet wird. (Lehre vom richtigen Recht, Seite 349.)

0.09 Walter Dubislav (1895—1937) definiert: Jede Art des Gebrauchs, die man von einem Gegenstande macht, um ein Ziel zu erreichen, heißt eine Methode.

Diese sieben Begriffsbestimmungen lassen zwar in etwa erahnen, daß stets ungefähr das gleiche gemeint ist. Sie lassen aber auch die Schwierigkeiten der Definition von „Methode“ erkennen. Andererseits führen sie uns so in die Methodologie selbst ein, da ja gerade das Problem der Definition ein grundlegendes Kapitel der Methodologie darstellt.

0.1 Lehre und wissenschaftliche Lehre

In einigen zeitgenössischen Einführungen in die Wissenschaftstheorie wird diese weitgehend reduziert auf wissenschaftliche Methodenlehre, genauer, auf Darstellung und Reflexion solcher Methoden, die nicht schon von Mathematik oder Formaler Logik als deren Teilgebiete beansprucht werden. Vertritt man demgegenüber, wie ich das für angemessen halte, eine weitere Auffassung von Wissenschaftstheorie, läßt als legitime Probleme der Wissenschaftstheorie z. B. auch die Beschäftigung mit Fragen der Art gelten wie: „Was ist Wissenschaft?, „Wodurch wird Wissenschaft konstituiert?“, „Welche Tragweite kommt wissenschaftlicher Erkenntnis zu?“, „Gibt es Grenzen wissenschaftlicher Arbeit?“, „Wodurch wird die Verantwortung des Wissenschaftlers bestimmt?“ u. a. m., dann wird die Lehre von den wissenschaftlichen Methoden zu einem echten Teilgebiet der Wissenschaftstheorie neben anderen. Und es ergibt sich die Frage nach dem Standort der Methodologie innerhalb der Wissenschaftstheorie. Diese Frage aber läßt sich nur beantworten, wenn vorher wenigstens in groben Zügen feststeht, wodurch Wissenschaft überhaupt konstituiert wird. Geht man dem nach, so sieht man bald, daß man sich mindestens auf zwei verschiedene Weisen mit Wissenschaft beschäftigen kann: einmal kann man sich ihr gegenüber mehr rezeptiv verhalten, sich darum bemühen (lateinisch „studere“), Kenntnis von der Wissenschaft zu erlangen, das andere Mal verhält man sich mehr aktiv, beteiligt sich produktiv an der Erzeugung von Wissenschaft. Beide Male aber bedeutet „Wissenschaft“ hier keineswegs das gleiche: im ersten Falle handelt es sich um wissenschaftliche Lehre, im zweiten Falle um wissenschaftliche Forschung.

Wissenschaft als Lehre betrachtet aber läßt sich als eine Relation mit sieben Argumenten darstellen. Und was Zahl und Art der Argumente betrifft, ergibt sich überraschenderweise, daß zahlreiche andere Relationen, bei denen es um „Lehre“ oder Ausbildung, Erziehung, Schulung, Training oder ähnliches geht, die gleiche Struktur haben.

„Lehre“ muß sich nicht von vornherein auf wissenschaftliches Studium beziehen, auch der Handwerker, der Kaufmann, der Facharbeiter, der Landwirt können eine Lehre absolvieren, auch sportliches Training, politische Schulung, religiöse Unterweisung wie die Eingewöhnung in das Leben in der Familie oder in soziale Ordnungen haben die gleiche formale Struktur. Es ist die Struktur der Bildungs- oder Lehr- oder Erziehungsrelation, die wir E nennen wollen:

0.11 $$E\,(a, b, W, I, H, V, G).$$

Erziehung (Bildung, Lehre, Unterricht, Unterweisung, Training, Einübung, Schulung, Studium, Sozialisation usf.) ist eine Relation, die besteht zwischen folgenden sieben Relaten:

0.12 a, d. h. dem Lehrenden (Ausbilder, Lehrer, Meister, Trainer, Dozent, Vater, Priester, Professor, Bewährungshelfer usf.); dieses a steht für eine bestimmte individuelle menschliche Person; an ihre Stelle kann auch eine Mehrheit von individuellen menschlichen Personen treten (z. B. die Eltern, das Kollegium der Lehrer oder Professoren, die Sportskameraden). Soll offenbleiben, wer in einer Relation E die erste Argumentstelle einnimmt, wird sie durch die Variable x bezeichnet. Wichtig ist, daß für x nur der Name einer individuellen menschlichen

Person oder der Name für eine Gruppe von individuellen menschlichen Personen (das kann auch eine Klassenbezeichnung sein) eingesetzt werden darf.

0.13 *b*, d. h. dem Lernenden (dem zu Erziehenden, dem Schüler, Lehrling, Auszubildenden, Kind, Zögling, Jünger, Praktikanten, Novizen, Studenten, Übungsteilnehmer usf.). Auch hier handelt es sich um eine individuelle menschliche Person oder um ein Gruppe von solchen (z. B. eine Schulklasse, eine Mannschaft, ein Auditorium, eine Jüngerschar). Als Variable für die zweite Argumentstelle soll *y* dienen.

0.14 *W* ist ein bestimmter Bildungsbereich, der meist irgendwie werthaft gefärbt ist, z. B. handwerkliche Einsichten und Verfahrensweisen, die dem Standard des Gesellen oder des Meisters entsprechen; Unterrichtsfächer, die dem Standard eines Hauptschulabschlusses, eines Abiturs oder einer Diplomprüfung entsprechen; religiöse Glaubensgehalte und religiöse Normen; theoretisches Wissen und praktische Beherrschung sportlicher Disziplinen im Rahmen sportlicher Fairneß; familiäre und gesellschaftliche Umgangsformen, bewertet am Leitbild des Gentleman, des braven Staatsbürgers, des allseits erfolgreichen, beliebten Gesellschafters, des soliden Kaufmanns usf.; wissenschaftliche Kenntnisse auf einem eingegrenzten Gebiete, die dem Standard des Staatsexamens, der Promotion oder der Habilitation entsprechen; usw.

0.15 *I* ist eine bestimmte Institution, in der sich die Relation *E* realisiert (z. B. Familie, Schule, Hochschule, Kirche, Gewerbebetrieb, Sportverein — im Grenzfall das Privatlehrer-Verhältnis).

0.16 *H* meint eine Ansammlung von Hilfsmitteln (z. B. Bücher, Tafel, Kreide, Sportgeräte, Spielzeug, Unterrichtsräume, Schulgebäude, liturgische Geräte, Experimentiereinrichtungen, Werkstätten, Handwerkszeug usf.)

0.17 *V* steht für eine Menge von bewußten und unbewußten Einsichten und habituellen Verhaltensweisen (d. h. das Wissen, worauf es ankommt in *W*, wie man lege artis, zunftgemäß, als gläubiger Christ, als guter Nachbar, als versierter Fachmann, als sachverständiger Experte, als guttrainierter und fairer Sportler zu handeln hat bei konkreten Aufgaben auf dem Gebiete *W*).

0.18 *G* meint einen „geschichtlichen Hintergrund“: man mag ihn auch Gesellschaft, gemeinschaftliche Verantwortung nennen. Gegebenenfalls kann er auch mit „Staat“ oder „Kultur“ identifiziert werden. Gemeint ist eine gewisse Gesamtheit von „geistigen“ Bezügen. Da in bezug auf dieses *G* eine gewisse Verantwortlichkeit des *a* (Lehrers) und *b* (Lernenden) vor einer höheren Instanz begründet werden kann, mag *G* auch metaphysische Komponenten einschließen, läßt sich auch als „das Göttliche“ interpretieren. G kann auch als „Grenze“ interpretiert werden.

Wird in der Relation E die Argumentstelle I beschränkt auf Elemente der Klasse der wissenschaftlichen Hochschulen und werden entspr. die erste Argumentstelle a auf Lehrende an wissenschaftlichen Hochschulen, die zweite Argumentstelle b auf Studierende an wissenschaftlichen Hochschulen und die dritte Argumentstelle W auf Wissenschaftsgebiete, die fünfte Argumentstelle H auf entsprechende Hilfsmittel für ein wissenschaftliches Studium, die sechste Argumentstelle V auf wissenschaftlich fundierte Vollzüge eingeschränkt (das kann rein formal durch den Beschränkungsoperator $\upharpoonleft_n$ geschehen), so ergibt sich die Relation für wissenschaftliche Lehre E_w:

0.19 $$E_w\,(a, b, W, I, H, V, G).$$

Wissenschaftliche Lehre unterscheidet sich also von anderen Arten der Lehre dadurch, daß die 6 ersten Argumentstellen von E jeweils einer bestimmten Klasse von Dingen angehören, in gewisser Hinsicht spezifiziert sind. Nun ist aber keineswegs die Identität eines a aus E_w mit einem a aus einem anderen E ausgeschlossen: ein Universitätsprofessor könnte mit einem Handballtrainer oder einem Familienvater identisch sein. Ähnlich steht es um b (der Student könnte auch gleichzeitig Schüler einer Fahrschule oder Mitglied eines Gesangvereins sein) oder ein H (dieselbe Tafel kann für Grundschulunterricht und eine Universitätsvorlesung benutzt werden). Problematisch wird die Möglichkeit der Identität bei I, es sei denn, daß verschiedene Arten I organisatorisch zusammengefaßt werden, z. B. zu einer Gesamthochschule. Typisch für E_w verbleiben jedoch W und V, keine andere Art von E hat ein Wissenschaftsgebiet als drittes Argument und keine andere Art von E hat wissenschaftlich fundierte Verfahrensweisen zum Ziel (6. Argument).

0.2 Wissenschaft als Forschung

Die Relation der wissenschaftlichen Lehre E_w hebt sich also nicht so charakteristisch von anderen Arten der Lehrrelation E ab, daß sie als günstiger Ausgangspunkt für eine Beschreibung von Wissenschaft genommen werden sollte. Besser gelingt das, wenn wir von der wissenschaftlichen Forschung ausgehen. Nun kann man zwar auch bloßes Suchen, Ermitteln, Nachforschen in übertragenem Sinne „Forschung“ nennen. Doch sobald ein Forschen systematisch und methodisch erfolgt, geschieht es auch mehr oder weniger wissenschaftlich. Deswegen ist es nicht unbedingt nötig, bei der Forschungsrelation *F* analog zur Lehrrelation *E* zu unterscheiden zwischen „Forschung“ und „wissenschaftlicher Forschung“. Die Relation *F* soll stets „wissenschaftliche Forschung“ meinen. Diese ergibt sich als eine siebenstellige Relation:

0.21 $F\,(c, B, M, I, H, S, G)$.

0.22 *c* steht für den Forscher (Wissenschaftler, Gelehrten), der eine individuelle menschliche Person ist oder aus einer Gruppe solcher Personen besteht. Als Variable wird an der Stelle des ersten Argumentes *z* benutzt.

0.23 *B* bezeichnet den jeweiligen Forschungsbereich, ein bestimmtes Wissenschaftsgebiet, d. h. einen Ausschnitt aus der (vergangenen, gegenwärtigen, zukünftigen) Mannigfaltigkeit des Gegebenen. Dazu zählen bewußtseinsunabhängige Gegebenheiten der „physischen Wirklichkeit“ oder Natur wie auch ideale Strukturen (Logik, Mathematik) wie auch menschliches Handeln und Verhalten, z. B. in Kunst, Politik, Wirtschaft, Religion, Sprache, Denken, ja sogar in Wissenschaft selbst. (Die Philosophie als Grundwissenschaft unterscheidet sich von den Einzelwissenschaften dadurch, daß sie allgemeine, umfassende Strukturen untersucht, z. B. die Struktur des menschlichen Handelns als solchem in der Ethik, die Struktur der Folgerichtigkeit in der Logik, die Struktur des Seins in der Ontologie, die Struktur der Gesamtwirklichkeit in der Metaphysik, die Struktur der Wissenschaft als solcher in der Wissenschaftstheorie usf.); während bei der Lehrrelation *E* an zweiter Stelle eine Person oder eine Gruppe von Personen figurierte, steht hier bei der Forschungsrelation *F* ein Sachgebiet. (Man könnte für weitere Untersuchungen hier unterscheiden zwischen der Materie des Gebietes, dem „Materialobjekt“, und dem formalen Aspekt, unter dem dies in der jeweiligen Wissenschaft erforscht wird, dem „Formalobjekt“.)

0.24 *M* an dritter Stelle meint einen Inbegriff von Methoden: erst durch ihr methodisches und systematisches Vorgehen wird Wissenschaft zur Wissenschaft, unterscheidet sie sich von der zufälligen, ungesicherten Alltagserkenntnis. Methoden lassen sich nicht ganz leicht von Hilfsmitteln (siehe 0.26) trennen. Hilfsmittel sind materieller oder energetischer Art oder an materielle Substrate gebunden (z. B. Bücher). Aber auch die technischen Regeln für die Nutzung von Hilfsmitteln sollen zu den Hilfsmitteln zählen, also z. B. Anweisungen, wie man Karteikarten nutzt, aus Büchern zitiert, Datenverarbeitung einsetzt für die Forschung oder Meßgeräte handhabt, sowie die Programmiersprache zur Benutzung von programmgesteuerten Datenverarbeitungsmaschinen. Unter Methoden wollen wir also solche Leitlinien, Regeln, Vorschriften, Begriffssysteme verstehen, die selbst nicht unmittelbar auf materiellen Dingen beruhen, was jedoch nicht ausschließt, daß sie auf physische Objekte angewandt werden können oder in Büchern (oder EDV-Programmen) dargestellt werden können.

Es sind hier zu unterscheiden:

0.241 Allgemeine Methoden, die für alle Wissenschaften von Bedeutung sind oder, wenn auch nur z. T., sein könnten:

0.2411 Formale Logik;

0.2412 Mathematik (z. B. auch statistische Methoden);

0.2413 Methoden der begrifflichen Abgrenzung, Unterscheidung, Einteilung und Ordnung von Objekten; der Auffindung, Erklärung, Begründung und Systembildung von Sachverhalten. Genau das ist Gegenstand einer allgemeinen Methodologie, wie sie in diesem Buche behandelt werden soll. Dabei kommen nur solche Methoden in Betracht, die spezifisch wissenschaftlicher Erkenntnis dienen. Was für Erkenntnis als solche überhaupt schon zu beachten ist, also auch für Alltagserkenntnis gilt, gehört in die Erkenntnistheorie. Die allgemeine Methodologie beruht z. T. auf Ergebnissen der formalen Logik, ist selbst aber bisher kaum formalisiert.

0.242 Spezielle Methoden:

0.2421 Angewandte Logik, d. h. der Teil der formalen Logik, vermehrt um spezielle Funktoren, der für die jeweilige Einzelwissenschaft erforderlich ist;

0.2422 Spezielle mathematische Methoden (z. B. quantitative Methoden der Psychologie);

0.2423 Spezielle Methodologie, umfaßt die besonderen Methoden der jeweiligen Einzelwissenschaft; setzt die allgemeine Methodologie voraus, wenn auch nicht alle ihre Teile immer im gleichen Maße. Eine spezielle Methodologie schließt die allgemeine Methodologie zum großen Teile ein. Da die spezielle Methodologie meist von Fachvertretern der betreffenden Einzelwissenschaft dargelegt wird, leidet sie oft an Unzulänglichkeit, wenn dieser Fachvertreter nicht über hinreichende Kenntnisse in Logik, Mathematik und allgemeiner Methodologie verfügt.

0.25 Das vierte Argument von F stellt I dar, das für eine Forschungsinstitution steht (z. B. Universität, Akademie, spezielle Forschungsinstitute öffentlich-rechtlicher Art, Industrielabors usf.). Während die Lehrrelation E praktisch nie ohne eine Institution I Bestand hat, lehrt die Geschichte, daß bahnbrechende Entdeckungen auch von Privatgelehrten gemacht wurden, z. B. entdeckte Archimedes das Hebelgesetz, Kopernikus stellte eine neue Theorie des Planetensystems auf, Descartes entdeckte die Differentialrechnung — und keiner von ihnen war an einem Forschungsinstitut tätig; aber alle drei hatten eine soziale Stellung, die ihnen Forschung als Hobby ermöglichte. Als Grenzfall von *I* ergibt sich also die Institution des Privatgelehrten.

0.26 An 5. Stelle bezeichnet *H* eine Ansammlung materieller Hilfsmittel (ähnlich wie unter 0.16), wozu auch die technischen Regeln ihrer Anwendung gehören (vgl. 0.24).

0.27 Als sechstes Argument steht mit *S* eine systematisch geordnete Menge von Sätzen, das „Ergebnis" wissenschaftlicher Forschung. (Neben verbalen Aussagen können hier auch Herstellungsvorschriften, Konstruktionszeichnungen, Modelle usf. auftreten.) In diesem Zusammenhang spielt die Wissenschaftssprache eine Rolle, die ihrerseits auch wieder für die Methode von Belang ist. *S* aus der Forschungsrelation *F* bildet nun die Basis für den Wissensbereich *W* und den Verfahrensbereich *V* der wissenschaftlichen Lehrrelation E_w. Was also *wissenschaftliche* Lehre ist, läßt sich auf Grund der Relation *F*, der wissenschaftlichen Forschung, bestimmen.

0.28 An letzter Stelle steht *G*, der geschichtliche Hintergrund, die Verantwortung vor Gesellschaft oder Gott, wie in 0.18 bei *E*.

0.3 Logik

Wenn wir einmal erkenntnistheoretische Einschübe oder Ausdeutungen (transzendentale Logik, materiale Logik), psychologistische Auffassungen (Denklehre), ontologische, metaphysische, ideologische Versionen (Dialektik) außer acht lassen, so läßt sich Logik erklären als Lehre von der Folgerichtigkeit, ihren Grundlagen und Anwendungen. Sie umfaßt dann:

0.31 Formale Logik. Das ist die Lehre von der Folgerichtigkeit im engeren Sinne, heute meist symbolisiert, formalisiert, kalkülisiert und axiomatisiert, z. B. Aussagen-, Prädikaten-, Klassen- (Syllogistik), Relationen-, Modalkalkül.

0.32 Methodologie: Lehre von Definition, Distinktion, Division, Heuristik, Begründungs-, Erklärungs- und Systemtheorie.

0.33 Metalogik: Allgemeine Zeichenlehre, Syntaktik, Semantik, Pragmatik.

0.34 Philosophie der Logik.

0.35 Angewandte Logik.

Wissenschaftstheoretisch betrachtet ergibt sich als Ort der Methodologie die dritte Argumentstelle von *F*, also 0.23; genauer: 0.2313. Es sind die allgemeinen wissenschaftlichen Methoden unter Ausklammerung der formalen Logik und der Mathematik und der technischen Regeln für den Umgang mit materiellen Hilfsmitteln *H* (vgl. 0.235). Logisch gesehen gehört die Methodologie zur Logik im weiteren Sinne (0.33). Diese Ortsbestimmung stellt keine Definition der Methodologie dar; sie soll nur eine Art Orientierungshilfe bieten, um sie in ein System von Wissenschaften einordnen zu können. Sie gehört zu den

0.4 Metawissenschaften

0.41 Wissenschaftstheorie.

0.42 Wissenschaftsgeschichte.

0.43 Wissenschaftswissenschaften, d. h. Betrachtung von Wissenschaft überhaupt unter dem Aspekt bestimmter Einzelwissenschaften, z. B. Wissenschaftspsychologie, Wissenschaftssoziologie, Wissenschaftsökonomie, Wissenschaftsgeographie, Wissenschaftspolitologie.

Die Wissenschaftsphilosophie könnte ebenfalls unter 0.43 untergebracht werden. Ich ziehe es jedoch vor, sie unter 0.41 zu belassen, denn das, was wir heute Wissenschaftstheorie nennen, ist aus einer Wissenschaftsphilosophie (die allerdings nicht diesen Namen trug) historisch hervorgegangen.

Seit Bernard Bolzano trug sie den Namen Wissenschaftslehre und wurde von diesem wie von Aristoteles (siehe zweite Analytik) in engem Zusammenhang mit der Logik behandelt. In etlichen neueren Darstellungen der Wissenschaftstheorie wird diese fast ganz auf wissenschaftliche Methodenlehre eingeengt, und davon wiederum nimmt der größte Teil das Problem wissenschaftlicher Erklärung ein. Deswegen will ich dies Gebiet nur knapp behandeln. Die Heuristik soll nur knapp behandelt werden, da sie für die einzelnen Wissenschaften sehr variiert und deshalb in den speziellen Methodologien ausführlich behandelt werden muß. Für Theorien- und Systembildung gilt, daß sie in Mathematik und Naturwissenschaften sehr weit entwickelt ist, während sie in den Kulturwissenschaften noch in den Kinderschuhen steckt. Deshalb erstrecken sich die folgenden Darlegungen weitgehend auf die Lehre von der Definition, der Distinktion und der Division. Manches Grundlegende und heute noch sehr Nützliche dazu war bereits in der Scholastik erarbeitet worden, geriet aber z. T. wieder in Vergessenheit.

0.5 Zur Geschichte

Wissenschaftstheorie als solche setzt voraus, daß wissenschaftliche Erkenntnis nicht nur graduell verschieden von Alltagserkenntnis ist. Nur wenn Wissenschaft eigene, von der Alltagserkenntnis qualitativ verschiedene Erkenntnisquellen und -mittel, eigene Methoden besitzt, kann es auch eine eigene Wissenschaftstheorie geben. Andernfalls, wenn sie nur graduell von Alltagserkenntnis (etwa durch größere Gründlichkeit, größeren Umfang, größere Reichweite) unterschieden ist, wird Wissenschaftstheorie zu einem speziellen Teil der Erkenntnistheorie.

Der erste, der systematisch Wesen und Methoden der Wissenschaft untersuchte, war Aristoteles (384—322). Das geschah in engem Zusammenhang mit seiner Logik: In der ersten Analytik untersucht er die Formen logischen Schließens, in der zweiten Analytik werden die wissenschaftlichen Beweismethoden untersucht. Auch die klassische Technik der Definition (ὁρισμός) geht auf ihn zurück.

Bei Petrus Abaelardus (1079—1142) finden sich in der Logik (die er, wie viele, Dialektik nennt) eigene Kapitel über Definition und Division. In der Scholastik entstehen dann auch umfangreiche Kapitel über Bedeutung und Supposition. In den ersten Artikeln der ›Summen‹ wird nach Arten und Quellen der Wissenschaften gefragt. Analogie und Distinktion werden bei der Lehre vom Sein, in der Metaphysik, untersucht.

Bei Petrus Ramus (1515—1572) gewinnt dann die Methodenlehre das Übergewicht über die formale Logik, und das bleibt weitgehend in der Folgezeit so, insbesondere auch in der weitverbreiteten Logik von Port-Royal von Antoine Arnauld (1612—1694) und Pierre Nicole (1625—1695), durch die die Interpretation der Logik als „Kunst des Denkens" aufkam, bis zur Logik von Christoph Sigwart (1830—1904).

René Descartes (1596—1650) gab der Methodologie neue Impulse durch seine Lehre vom methodischen Zweifel, der Intuition und der Lehre von den Kriterien der Evidenz und verhalf der Anerkennung der Mathematik als allgemeiner Methode zum Durchbruch. Galileo Galilei (1564—1642) behauptete: „Das Buch der Natur ist mit mathematischen Lettern geschrieben." Gottfried Wilhelm Leibniz (1646 bis 1716) versuchte durch eine Synthese mathematischer und logischer Verfahren eine allgemeine wissenschaftliche Methode zu schaffen als „Mathesis Universalis", das alle Sätze der Wissenschaft herzuleiten gestattete durch einen Calculus Ratiocinator. Doch das blieb weitgehend Programm, wurde von ihm nicht im einzelnen durchgeführt. Eine Synthese zwischen logisch-rationalen Verfahren und den empirischen Forschungsmethoden der Naturwissenschaften versuchte Johann

Heinrich Lambert (1728—1777), dem wegen seines frühen Todes eine angemessene Nachwirkung versagt blieb. Bei Immanuel Kant (1724 bis 1804) konzentrierte sich das Interesse ganz auf Erkenntnistheorie, und der Siegeszug seiner Philosophie und des dadurch inspirierten deutschen Idealismus hatte auf Logik und Wissenschaftstheorie leider destruktiven Einfluß.

Der erste, der systematisch als eigene Disziplin die Probleme der Wissenschaftstheorie behandelte, war Bernard Bolzano (1789—1848). Er wählte für sein vierbändiges Werk den Namen Wissenschaftslehre, der in der Folgezeit dafür allgemein üblich wurde (das Wort selbst geht auf Johann Gottlieb Fichte zurück, der es ganz allgemein für Philosophie brauchte). Eugen Dühring benutzte 1879 in einem Buchtitel zum ersten Male das Wort „Wissenschaftstheorie", das sich jedoch zunächst nicht durchsetzte. Merkwürdigerweise benutzt Martin Heidegger in ›Sein und Zeit‹ zweimal das Wort, während das Adjektiv „wissenschaftstheoretisch" bei ihm und anderwärts etwas häufiger vorkommt. Parallel zum Aufschwung der modernen, mathematischen Form der Logik setzte, vor allem im „Wiener Kreis", eine eingehende logische Analyse der wissenschaftlichen Sprache ein, aus der sich die sog. Analytische Philosophie entwickelte. Rudolf Carnap, der auch das Wort „wissenschaftstheoretisch" gelegentlich verwendet, sprach von „Wissenschaftslogik". Karl Popper veröffentlichte 1935 das grundlegende Werk ›Logik der Forschung‹, woraus sich dann die Bezeichnung „Forschungslogik" ergab. Im angelsächsischen Bereich wurde die Bezeichnung „Philosophy of science" üblich. Wolfgang Stegmüller führte dafür anfang der fünfziger Jahre die Übersetzung „Wissenschaftstheorie" ein, die sich dann, vor allem auch durch seinen so benannten Artikel im Fischer-Lexikon ›Philosophie‹ durchsetzte. Sein vierbändiges Werk ›Probleme und Resultate der Wissenschaftstheorie und Analytischen Philosophie‹ stellt heute wohl das Standardwerk in deutscher Sprache dar, das umfassend informiert über den Stand der Forschung. Weitere Literatur dazu findet man im Literaturverzeichnis am Ende dieses Buches.

Dieses Buch soll nun nicht einen Auszug aus Wolfgang Stegmüller bieten. Es bietet teils mehr: auch die bereits früher, z. B. im Mittelalter und in der traditionellen Logik erarbeiteten allgemeinen wissenschaftlichen Methoden, wie die Lehre von der Distinktion, der Bedeutung, der Division werden hier dargeboten; es bietet andererseits wegen des geringen Umfanges entschieden weniger, indem es sich auf elementare methodische Verfahren beschränkt und auf die zeitgenössische Diskussion der Probleme verzichtet, die im Vordergrund aktuellen Interesses stehen.

1. DEFINITION

1.0 Das Wort Definition selbst

Das Wort „Definition", lateinisch definitio oder auch diffinitio, griechisch λόγος, ὅρος, ὁρισμός, ist leider selbst nicht eindeutig definiert: Im Laufe der Geschichte werden verschiedene Vorhaben damit bezeichnet, verschiedene Techniken der Definition entwickelt. Im Deutschen werden teils gleiche, teils ähnliche, teils nur entfernt verwandte Deutungen verbunden mit den Worten: Bestimmung, insbesondere Wesens- oder Begriffsbestimmung; Erklärung, insbesondere auch Worterklärung, Begriffserklärung, Sacherklärung, Namenserklärung; Erörterung; Beschreibung; Schilderung; Begriffsanalyse; Begriffssynthese.

1.1 Ziele der Definition

1.11 Ziel der Definition kann sein eine Wesensbestimmung. Diese Auffassung findet sich schon bei Platon und Aristoteles und von da an weiter die ganze antike und mittelalterliche Philosophie hindurch und wird auch heute noch vertreten.

1.12 Die Definition ist eine Begriffsbestimmung. Da nach Immanuel Kant das Ding an sich nicht erkennbar ist, sondern nur seine Erscheinung, und zwar durch die Formen der sinnlichen Anschauung und die Kategorien des Verstandes, kann die Definition konsequenterweise nicht auf das ja unerkennbare Wesen zielen, sondern nur auf das im Verstande ergreifbare, d. h. den Begriff. Diese Auffassung der Definition wurde von Immanuel Kant (1724—1804), Jakob Fries (1773 bis 1843) und anderen vertreten und durch den Neukantianismus weit verbreitet; sie findet sich allerdings auch schon in etwa im gemäßigten Nominalismus (Conceptualismus) des Mittelalters und ist in der traditionellen Logik seit 1800, die zumeist mit der Lehre vom Begriff beginnt, die übliche.

1.13 Die Definition ist die Feststellung der Bedeutung eines Zeichens. Dabei kann dieses Zeichen auch ein Wort oder ein Begriff sein. Diese Auffassung wird zwar als Lehre kaum explicite vertreten — aber dafür wird die Definition in der Praxis weitgehend so gehandhabt.

Walter Dubislav hat in seinem heute noch lesenswerten Werk ›Die Definition‹ darauf hingewiesen. Und es besteht in der Tat ein Bedürfnis, festzustellen, in welcher Bedeutung ein Wort üblicherweise verstanden wird. Das leisten weitgehend Wörterbücher und Lexika. Unter Umständen wird man dann mehrere Bedeutungen unterscheiden oder feststellen, daß sich die Bedeutung im Laufe der Geschichte gewandelt hat. Diese Art Definition ist also eine historisch-philologische Arbeit. Sehr verbreitet sind solche Arten der Definition aber auch bei Juristen, da die Bedeutung von Gesetzen, soweit sie nicht aus juristischen Fachtermini bestehen, von der umgangssprachlichen Bedeutung der verwandten Worte abhängig ist. Berühmt geworden ist die Definition der Eisenbahn durch das damalige Deutsche Reichsgericht:

Eine Eisenbahn ist ein Unternehmen, gerichtet auf wiederholte Fortbewegung von Personen oder Sachen über nicht ganz unbedeutende Raumstrecken auf metallener Grundlage, welche durch ihre Konsistenz, Konstruktion und Glätte den Transport großer Gewichtsmassen bzw. die Erzielung einer verhältnismäßig bedeutenden Schnelligkeit der Transportbewegung zu ermöglichen bestimmt ist und durch diese Eigenart in Verbindung mit den außerdem zur Erzeugung der Transportbewegung benutzten Naturkräften (Dampf, Elektrizität, tierische oder menschliche Muskeltätigkeit, bei geneigter Ebene der Bahn auch schon der eigenen Schwere der Transportgefäße und deren Ladung usw.) bei dem Betriebe des Unternehmens auf derselben eine verhältnismäßig gewaltige (je nach den Umständen nur in bezweckter Weise nützliche oder auch Menschenleben vernichtende und die menschliche Gesundheit verletzende) Wirkung zu erzeugen fähig ist. (Entscheidungen des Deutschen Reichsgerichtes in Zivilsachen, Bd. I, Seite 252.)

1.14 Die Definition ist die Festsetzung, in welcher Bedeutung ein Zeichen gebraucht werden soll. Diese Auffassung klingt schon an bei Thomas Hobbes (1588—1679) und wird dann ausdrücklich gelehrt bei Blaise Pascal (1623—1662) und gründlich dargestellt und weiter ausgebaut bei Bolzano (1781—1848). Diese Lehre machte sich auch Frege (1848—1925) zu eigen und durch ihn die moderne Logik.

1.15 In der traditionellen Logik werden diese vier Arten von Definitionen meist miteinander vermengt, und man merkt nicht einmal, daß man sehr Verschiedenes vor sich hat.

Die zweite Art von Definition vertritt verhältnismäßig konsequent der Neukantianer Rickert (1863—1936) in seinem Werk ›Zur Lehre von der Definition‹.

Unter die dritte Art von Definition gehört die weitverbreitete Unterscheidung von Nominal- und Realdefinition, die Rickert, Anhänger der zweiten Art, verwirft.

1.16 Unter Nominaldefinition versteht man die Erklärung des Namens einer Sache, d. h. die Feststellung, in welcher Bedeutung ein Wort gebraucht wird; als Nominaldefinition genügt schon die Angabe bedeutungsgleicher Worte. Beispiele für Nominaldefinitionen: Ein Lift ist ein Personenaufzug oder Fahrstuhl. Metzger ist ein anderer Name für Fleischer oder Schlachter. Mit Dom bezeichnet man den Dampfsammler einer Lokomotive. Automobil bedeutet soviel wie Personenkraftwagen. Eine Pampelmuse ist eine Grapefruit. Die Eltern der Eltern heißen Großeltern. Der Großvater wird auch Opa genannt, usf.

1.17 Die Realdefinition dagegen soll die Sache selbst erklären, die Merkmale aufzählen, die für sie charakteristisch sind. Beispiele für Realdefinitionen: Wasser ist der flüssige Aggregatzustand der chemischen Verbindung von jeweils zwei Atomen Wasserstoff mit einem Atom Sauerstoff. Ein Quadrat ist ein Viereck mit gleichen Seiten und rechten Winkeln. Ein Tandem ist ein Fahrrad, das von zwei hintereinander sitzenden Fahrern angetrieben wird. Ein Postmeister ist ein gehobener Beamter, der Leiter eines selbständigen Postamtes ist. Wein ist ein aus dem ausgepreßten Saft von Weintrauben durch alkoholische Gärung gewonnenes Getränk.

Nominal- und Realdefinition lassen sich keineswegs immer ganz streng voneinander trennen. So könnte man etwa die Definition des Schwagers als Bruder des Ehegatten sowohl als Nominal- wie auch als Realdefinition auffassen.

1.18 In die Klasse der Sacherklärungen gehören auch die sog. Zweckdefinitionen. Viele Dinge des täglichen Gebrauchs lassen sich nur sehr schwer und umständlich durch Aufzählung von Merkmalen definieren, durch die sie sich von anderen Dingen unterscheiden. Da hilft oft am besten die Angabe des Zweckes, dem das Ding dient: Ein Stuhl ist ein Sitzmöbel für eine Person mit einer Rückenlehne. Ein Hammer ist ein Handwerkszeug, das zum Schlagen auf andere Gegenstände dient und aus einem Griff und einem am Ende quer dazu gestellten Schlagkörper besteht. Ein Säbel ist eine scharf geschliffene Hiebwaffe.

1.2 Arten des Definierens

Nach diesem knappen Überblick über bisherige Theorien und Einteilungen der Definition steht zumindest einmal fest, daß es *die* Definition als ein einheitliches Gebilde gar nicht gibt, sondern daß eine ganze Reihe verschiedener Operationen Definition genannt werden. Welche davon sind für uns heute von Bedeutung? Im Anschluß an Walter Dubislav möchte ich fünf verschiedene Arten von Operationen als Definition gelten lassen, die z. T. wieder Unterarten haben:

1. Substitutionsvorschrift für die Einführung neuer Zeichen,
2. Deutungsvorschrift von Kalkülen,
3. Begriffskonstruktion bzw. -zergliederung,
4. Zeichenerklärung,
5. Sacherklärung.

1.21 Definition als Substitutionsvorschrift oder Abkürzung. Die erste Art des Definierens ist die allgemeinste und umfassendste und geht, wie schon erwähnt, auf Blaise Pascal zurück, wird ausführlich auch in der Wissenschaftslehre von Bernard Bolzano behandelt sowie bei Gergonne (1771—1859) und ist das, was seit Gottlob Frege in der modernen Logik unter Definition gewöhnlich verstanden wird: Sie stellt eine Vorschrift dar, daß ein bestimmtes Zeichen oder ein ganzer Zeichenkomplex durch ein anderes Zeichen ersetzt werden kann. Gewöhnlich dient das zur Abkürzung. Definitionen in diesem Sinne sind keine Aussagen, also nicht wahr oder falsch, sondern eine Art Gleichungen, besser Gleichheitsfestsetzungen. Sie stellen Regeln, Handlungsvorschriften dar, sagen, was man tun kann. Um hervorzuheben, daß diese Gleichung nicht bewiesen wurde, sondern auf einer Festsetzung beruht, schreibt man das Gleichheitszeichen mit dem Zusatz *DF*, also „$= df$", „$= Df$", „$=_{Df}$" oder auch „$\ldots = \ldots Df$". Die linke Seite der Definitionsgleichung, die das neu einzuführende Zeichen enthält, nennt man Definiendum, die rechte Seite, die den Zeichenkomplex enthält, für den das neue Zeichen substituiert werden kann, heißt das Definiens.

Beispiele:	*M*	$=df$ 1000
	Rechteck	$=df$ Parallelogramm mit rechten Winkeln
	Pkw	$=df$ Personenkraftwagen
	Erpel	$=df$ männliche Ente
	Peterwagen	$=df$ Kraftfahrzeug, das mit Funkverbindung ausgestattet ist und Polizei bei plötzlich gegebenem Anlaß zum Einsatz bringt.

1.211 Die vorangehenden Beispiele bieten explicite Definitionen, d. h., das Definiendum besteht allein aus den neu einzuführenden Zeichen.

1.212 Bei Operationszeichen lassen sich explicite Definitionen nur unter großen Komplikationen herstellen. Deswegen sind hier sog. Gebrauchsdefinitionen, die man auch implicite Definitionen nennt, zweckmäßiger.

Beispiele: $3 \times 4 =_{df} 4 + 4 + 4$

$$p \rightarrow q =_{df} \bar{p} \vee q$$
$$\bar{p} =_{df} p \mid p$$
$$p \vee q =_{df} (p|p) \mid (q|q)$$
$$p \wedge q =_{df} (p|q) \mid (p|q)$$
$$K \cap L =_{df} \hat{x}(x \in K \wedge x \in L)$$

1.213 Eine besondere Art der impliciten Definitionen sind die rekursiven Definitionen, die geeignet sind, den sehr vagen Ausdruck „usw." in Definitionen zu vermeiden. Das mag am Beispiel der Definition der allgemeinen Multiplikation gezeigt werden:

1.2131 $1 \times a =_{df} a.$

1.2132 $(n + 1) \times a =_{df} (n \times a) + a.$

Eine rekursive Definition besteht also mindestens aus zwei impliciten Definitionsgleichungen; die erste definiert das Zeichen für einen ganz bestimmten Fall, die zweite setzt voraus, daß man die Bedeutung des Zeichens für einen bestimmten Fall schon kennt, und definiert damit den nächsten Fall.

Ein Sonderfall der impliciten Definitionen liegt vor, wenn durch Hinzufügung einer Bedingung z. B. ein bestimmter Fall ausgeschlossen werden soll. So ist die Division für den Divisor „0" nicht erklärt; dieser Fall muß also durch eine Zusatzbedingung ausgeschlossen werden.

1.2133 $\forall xyz\colon y \neq 0 \rightarrow \frac{x}{y} = z \leftrightarrow x = y \times z.$

Hier liegt eine „bedingte Definition" vor. Solche können zu Komplikationen führen, wenn z. B. im Implikans Existenz-Voraussetzungen gemacht werden.

Bei dieser Gelegenheit muß der Unterschied zwischen konstanten und variablen Zeichen, auch einfach „Konstante" und „Variable" genannt, erklärt werden.

Eine Konstante ist ein Zeichen für einen bestimmten Gegenstand (wobei dieser Gegenstand nicht unbedingt einfach sein muß, sondern auch zusammengesetzt, auch aus einer Menge von Gegenständen bestehen kann), z. B. π, Aristoteles, die Stadt Hamburg, das deutsche Volk, dieser Stuhl, das Dreieck, der Tisch als solcher. In den letzten beiden Beispielen wird jeweils eine Klasse von Gegenständen bezeichnet.

Lasse ich nun in dem Satz: „Die Rose ist rot." den Platz des Subjektes oder, logisch gesprochen, den Platz des Argumentes frei, so erhalte ich „ ist rot.". Um diese Leerstelle anzudeuten, schreibt man auch zwei Klammern, zwischen denen nichts steht, „( ) ist rot.". In diese Leerstelle kann man nun z. B. einsetzen „die Tomate", „die Fahne",

„die Zitrone", „die Nase", „das Eichhörnchen", „der Schimmel" usf. und erhält dadurch aus der Aussageform wieder eine wahre oder falsche Aussage. Solche Leerstellen deutet man auch durch bestimmte Buchstaben an — meist nimmt man dabei die letzten Buchstaben des Alphabetes, während man für Konstante oft die ersten Buchstaben des Alphabetes nimmt. So erhält man in unserem Beispiel etwa „*x* ist rot.". Dieser Buchstabe *x*, der selbst gar nichts bedeutet, sondern nur eine Stelle anzeigt, an die Konstante einer bestimmten Kategorie eingesetzt werden können, heißt Variable. Die oft gehörte Erklärung, eine Variable sei ein Zeichen mit wechselnder Bedeutung, ist irreführend. Für eine Variable kann man allerdings nicht einfach Beliebiges einsetzen, sondern nur Ausdrücke der gleichen semantischen Kategorie.

In die impliciten Definitionen gehen nun meist Variable ein, um anzudeuten, daß das zu definierende Zeichen nicht nur im Zusammenhang mit ganz bestimmten Zeichen, sondern mit einer ganzen Klasse von Zeichen gebraucht werden darf. So dürfen für *p* und *q* in den obigen Beispielen beliebige *Aussagen* eingesetzt werden, d. h., die Zeichen $^{-}$, $\rightarrow$, $\vee$, $\wedge$ sind nur als *Aussage*funktoren erklärt — nicht dagegen etwa für Individuen, Klassen, Relationen usf.

Für *K* und *L* dürfen Klassen eingesetzt werden — „$\cap$" ist also nur als *Klassen*funktor erklärt.

Schließlich zeigen die obigen Beispiele, daß man mit Hilfe von Definitionen die Zeichen eines Gebietes auf wenige Grundzeichen zurückführen kann. So lassen sich sämtliche Funktoren des bivalenten Aussagekalküls mit Hilfe des Sheffer-Funktors „|" definieren.

1.214 Eine spezielle Art von impliciten Definitionen sind auch die sog. Definitionen durch Abstraktion. Gelegentlich wurden sie auch „schöpferische Definitionen" genannt und wegen dieser angeblich schöpferischen Eigenschaften aus metaphysischen Gründen sehr kritisch angesehen oder gar abgelehnt, u. a. auch von Walter Dubislav. Bertrand Russell meinte sogar, ihre „Vorteile" gegenüber anderen Definitionsverfahren seien gleicher Art „wie die Vorteile des Diebstahls gegenüber ehrlicher Arbeit". Doch diese Polemik bezog sich auf die nur von einem positivistischen Standpunkt aus erklärbare Meinung, daß durch diese Art der Definition neue Eigenschaften erst erschaffen würden. Inzwischen hat sich gezeigt, daß diese Methode der Definition für viele naturwissenschaftliche Begriffe sehr hilfreich ist. Sie beruht darauf, daß man eine Eigenschaft nicht als solche explicit definiert, sondern implicit als Eigenschaft einer Klasse *K* von Gegenständen. Und daß innerhalb dieser Klasse *K* sich eine Relation *R* mit den Eigenschaften einer Äquivalenzrelation *Re* finden läßt, durch die diese Klasse *K* sich in eine

Reihe von elementefremden Äquivalenzklassen Ka_1, Ka_2 ... Ka_n aufteilen läßt. Insofern stellt die Definition durch Abstraktion die Grundlage dar für einen Übergang von rein klassifikatorischen zu quantitativen Definitionen. Eine Relation R heiße eine Äquivalenzrelation Re, wenn sie folgenden Bedingungen genügt:

1.2141 $\vdash \forall x.\, xRx$ (Reflexivität).
1.2142 $\vdash \forall xy.\, xRy \leftrightarrow yRx$ (Symmetrie).
1.2143 $\vdash \forall xz\, \exists y.\, xRy \wedge yRz \rightarrow xRz$ (Transitivität).

Durch eine Äquivalenzrelation Re wird zu jedem Element a_1 einer Klasse K eine Äquivalenzklasse Ka_1 bestimmt, zu der alle die Elemente von K gehören, die zu deren Element a_1 in der Beziehung Re stehen. Es kann jedoch mehrere solcher Äquivalenzklassen in K geben, denn es müssen ja nicht alle Elemente von K zu a_1 in der Beziehung Re stehen, jedoch kann kein Element von K zwei verschiedenen Äquivalenzklassen angehören, d. h., die Klasse K wird durch die Äquivalenzrelation Re in eine Reihe disjunkter, d. h. elementefremder Teilklassen zerlegt. Abstrahiert man nun von den sonstigen individuellen Eigenschaften der Elemente einer bestimmten Äquivalenzklasse Ka_1, dann stellt ein beliebiger Repräsentant dieser Äquivalenzklasse, z. B. a_1, gerade die Eigenschaft dar, zu dieser Äquivalenzklasse zu gehören. Abstrahiert man abermals bei allen Äquivalenzklassen Kn, die sich aufgrund der Äquivalenzrelation Re aus der Klasse K ergeben, von der Eigenschaft, einer bestimmten Äquivalenzklasse anzugehören, so ergibt ein beliebiger Repräsentant Kn der Menge aller Äquivalenzklassen von K eine Eigenschaft in bezug auf K. Dieser so sehr abstrakt erscheinende Sachverhalt läßt sich durch Beispiele anschaulicher machen:

Es ist sehr schwierig, explicit zu definieren, was „Richtung" ist. Definieren wir deswegen implicit „Richtung einer Geraden"! Innerhalb der Klasse aller Geraden läßt sich die Relation „parallel" auffinden. Diese ist reflexiv: jede Gerade ist sich selbst parallel; sie ist symmetrisch, denn stets wenn g parallel h, ist auch h parallel g; und sie ist transitiv: stets wenn g parallel h und h parallel j, ist auch g parallel j. Also ist „parallel" eine Äquivalenzrelation. Die Äquivalenzrelation „parallel" teilt die Klasse aller Geraden K in eine ganze Reihe von disjunkten Äquivalenzklassen Kg_1, Kg_2 ... Kg_n ein, die jeweils alle die Geraden umfassen, die parallel zu g_1, g_2 ... g_n sind. Der erste Abstraktionsschritt liefert uns jeweils Klassen paralleler Geraden, also z. B. alle Geraden, die parallel zu g_1 sind. Eine beliebige Gerade von Kg_1 hat dann die gleiche Richtung wie g_1. Der zweite Abstraktionsschritt liefert uns dann die Definition: „Richtung einer Geraden ist das, was diese Gerade gemeinsam hat mit allen ihr parallelen Geraden."

Ähnlich läßt sich „Preis einer Ware" definieren als das, was eine Ware gemeinsam hat mit allen gleichwertigen Waren. „Gleichwertig" stellt eine Äquivalenzrelation in bezug auf die Klasse der Waren dar.

Auch Gottlob Freges berühmte Definition der Kardinalzahl durch die Klasse aller gleichzahligen Klassen stellt eine solche Definition durch Abstraktion dar, wobei zu bemerken ist, daß hier keineswegs eine Zirkeldefinition vorliegt, da „gleichzahlig" lediglich eine Abkürzung ist für „Klasse, deren Elemente sich eineindeutig einander zuordnen lassen".

Doch nicht nur in der Mathematik, auch in der Physik hat sich die Methode der Definition durch Abstraktion als hilfreich erwiesen: statt „Temperatur", „träge Masse", „Ort" läßt sich mit dieser Methode viel leichter definieren „Temperatur eines Körpers", „schwere Masse eines Körpers", „Ort eines Körpers". Statt „Valenz" definiert der Chemiker nach dieser Methode leichter „Valenz eines chemischen Elements".

1.215 Schwierigkeiten dieser Definitionsarten:

Nun sollte man meinen, daß man Definitionen dieser Art, als bloße Abkürzung, unbeschränkt einführen könnte. Komplikationen könnten nur entstehen, wenn die Eindeutigkeit der Zuordnung dadurch gefährdet würde, daß verschiedenen Zeichenkomplexen gleiche Zeichen als Abkürzung zugeordnet werden oder gleichen Zeichenkomplexen verschiedene Abkürzungen. Aber die Eindeutigkeit kann auch noch auf andere Weise gestört werden. Das mag durch ein Beispiel erläutert werden, das zuerst Giuseppe Peano bot (Les définitions mathématiques; Bibl. du Congrès int. de la philosophie, Bd. 3, S. 278 ff.):

1.2151 $$\frac{a}{b} ? \frac{c}{d} =_{df} \frac{a+c}{b+d} .$$

Das ist also eine implicite Definition, bei der im Definiens wie Definiendum die gleichen Variablen vorkommen. Division und Addition werden als bekannt vorausgesetzt. Daß diese Definition Verwirrung stiften kann, läßt sich schnell zeigen, wenn für die Variablen Zahlen eingesetzt werden, z. B.: $a = 2, b = 5, c = 7, d = 11$.

Da die beiden Seiten einer Definitionsgleichung Gleiches bedeuten und die Definition es hier mit Operationen zwischen Zahlen zu tun hat, müßte also gelten:

1.2152 $$\frac{2}{5} ? \frac{7}{11} = \frac{2+7}{5+11} = \frac{9}{16} .$$

Ersetzt man nun $\frac{2}{5}$ durch den gleich großen Bruch $\frac{4}{10}$, so ergibt sich:

1.2153 $$\frac{4}{10} ? \frac{7}{11} = \frac{9}{16} .$$

Ersetzen wir nun das Definiendum links durch das Definiens, so ergibt sich:

1.2154 $$\frac{4 + 7}{10 + 11} = \frac{9}{16} .$$

Durch Addition links ergibt sich:

1.2155 $$\frac{11}{21} = \frac{9}{16} .$$

und das stimmt offensichtlich nicht.

Es müssen also bestimmte Vorsichtsmaßregeln getroffen werden. Peano selbst gibt drei Definitionsregeln an:

1.2156 Eine Definition soll eine vollständige, durch sich selbst verständliche Aussage sein, die eine Gleichheitsbeziehung ausdrückt, von der das eine Glied das Zeichen ist, das man definiert, und das andere die Bedeutung angibt, für die es stehen soll.

1.2157 Zweitens müssen die beiden Glieder der Definitionsgleichung die gleichen Variablen enthalten.

1.2158 Drittens müssen diese gleichen Variablen auch in gleichartiger Weise vorkommen. Peano sagt dafür, die Definitionsgleichung muß hinsichtlich ihrer Variablen homogen sein. Was das präzise bedeutet, sagt er nun leider nicht; er erläutert es wohl durch einige Beispiele.

Diese drei Regeln sind zwar notwendig, aber nicht hinreichend. Es müssen noch zwei weitere beachtet werden:

1.21581 Eine Definition muß so eingeführt werden, daß sie jederzeit wieder eliminierbar ist, d. h., das Definiendum muß an allen Stellen durch das Definiens ersetzt werden können.

1.21582 Durch beliebig oftmalige Anwendung der Definition dürfen sich aus wahren Aussagen immer wieder nur wahre Aussagen ergeben: Definitionen dürfen nicht die Permanenz der logischen Gesetze stören. Definitionen müssen erblich sein bzgl. der Aussage-Wahrheit.

1.216 Eine weitere Schwierigkeit:

Es werde definiert:

1.2161 $K \in L =_{df} \overline{K \in K}$, daraus:

1.2162 $K \in L \leftrightarrow \overline{K \in K}$. Es werde ersetzt: K / L:

1.2163 $L \in L \leftrightarrow \overline{L \in L}$. Es werde ersetzt: $L \in L / p$:

1.2164 $p \leftrightarrow \overline{p}$.

Die Anwendung dieser Definition führt also zu dem offensichtlichen Widerspruch, daß die Wahrheit einer Aussage äquivalent ist der

Falschheit dieser Aussage. Das ist die berühmte Paradoxie der Mengenlehre, entdeckt von Bertrand Russell um 1900.

Der Widerspruch kommt zustande, weil hier mehrere unserer fünf Definitionsregeln verletzt sind: Regel 3: Die Variablen stehen inhomogen; Regel 4: Das Definiendum läßt sich nicht wieder eliminieren; Regel 5: Die Definition gestattet, aus wahren Aussagen falsche herzuleiten.

Zusammenfassend läßt sich feststellen, daß durch Definitionen erster Art — das waren Substitutionsvorschriften für Zeichen — zwar neue Zeichen eingeführt werden, die u. U. als Abkürzungen sehr zweckmäßig sein können, daß man aber damit im Bereiche des durch das Zeichen Bezeichneten nichts Neues schafft. Durch die gewonnene bessere Übersicht mittels zweckmäßiger Definitionen wird ein Gegenstandsbereich für uns zwar evtl. leichter erkennbar, und man könnte deswegen sagen, zweckmäßige Definitionen können den Bereich unserer Erkenntnis erweitern. Doch der Bereich der Dinge selbst wird dadurch nicht größer. Dem ordo cognoscendi entspricht keineswegs immer der ordo essendi.

1.22 Zuordnungsdefinition.

Als eine selbständige zweite Art von Definition kann man Deutungsvorschriften von Kalkülen betrachten. Man spricht dann auch von Zuordnungsdefinitionen. Dazu muß zunächst geklärt werden, was ein Kalkül ist.

1.221 Kalkülbeispiele.

Ein Kalkül läßt sich definieren als eine Folge von Zeichenmengen und zugehörigen Operationsregeln.

Ein Beispiel dafür bietet z. B. die Arithmetik der vier Grundrechnungsarten: Es gibt da vier Arten von Zeichen, nämlich die Zahlzeichen (Ziffern oder Buchstaben), die Zeichen für die vier Operatoren, die jeweils zwischen zwei Zeichen der ersten Art gesetzt die Operationen der Addition, Subtraktion, Multiplikation und Division ergeben, das Gleichheitszeichen und die beiden Klammerzeichen „(“, „)“. Dazu kommen die Regeln über den Gebrauch dieser Zeichen, also z. B. Klammerauflösungs- und Ausklammerungsregeln, Regeln über die Umformung von Gleichungen usf.

Ein anderes Beispiel für einen Kalkül bietet das Schachspiel: Hier gibt es zwei Arten von Zeichen: Die 64 Felder und die 32 Spielsteine. Und dazu drei Arten von Regeln: Die Zug-, die Schlag- und die Gewinnregeln.

Nun ist es bei solchen Kalkülen durchaus möglich, sie aus Zeichen aufzubauen und aus Regeln, die rein formal sich auf diese Zeichen beziehen, ohne daß man angibt, was diese Zeichen und die entsprechenden Regeln bedeuten sollen. Einen solchen Kalkül mit „bedeutungslosen" Zeichen nennen wir einen abstrakten Kalkül. Durch eine Zuordnungsdefinition läßt sich dieser Kalkül dann deuten, d. h., den Zeichen werden bestimmte Objekte als Bedeutungen so zugeordnet, daß den Beziehungen und Operationen zwischen den Zeichen auch solche zwischen den Objekten entsprechen. Dabei sind oft durchaus mehrere Deutungen möglich: Die in der Ausgangsposition auf den Feldern e1 und e8 stehenden Figuren des Schachspieles werden z. B. als „König" gedeutet; dann entspricht dem Mattsetzen die Gefangennahme des Königs. Die Figuren d1 und d8 können als „Dame", als „Großwesir", d. h. „Ministerpräsident" oder „Feldmarschall", gedeutet werden. Ich könnte mir auch eine ökonomische Deutung dieses Spiels vorstellen, bei dem die Figuren Kapital, die Bauern Waren, die Züge geschäftliche Operationen und die Mattsetzung den Bankrott bedeuten.

Solche bild- oder gleichnishaften Deutungen sind allerdings noch keine Zuordnungsdefinitionen im strengen Sinne. Für solche verlangt man, daß den einzelnen Elementen des Kalküls Elemente eines Gegenstandsbereiches eindeutig zugeordnet werden und daß dann allen Beziehungen zwischen den Kalkül-Elementen sich eindeutig entsprechende Beziehungen zwischen den Elementen des Gegenstandsbereiches zuordnen lassen.

Ein einfaches Beispiel: Q sei eine Menge mit vier Elementen; für diese bestehe eine Ordnungsrelation *Or* (d. h. eine irreflexive, asymmetrische, transitive Relation) so, daß sich die Elemente in der Reihenfolge *a, b, c, d* ordnen lassen. Wenn *Or* dann durch die Zuordnungsdefinition „älter als" und Q durch die Zuordnungsdefinition „Mitglied des Quartetts Harmonie" gedeutet wird, dann muß bei der Zuordnung von *a* zu „Lehmann", *b* zu „Meier", *c* zu „Müller", *d* zu „Schulz" sich ergeben, daß Lehmann älter als Meier ist, daß beide älter als Müller sind, daß diese alle drei jeweils älter als Schulz sind.

Oder wenn *Or* gedeutet wird als „von größerem Körpergewicht" und Q als „Mitglied des Bridgeklubs Gemütlichkeit", dann müssen sich diese Mitglieder eindeutig nach ihrem Körpergewicht ordnen lassen. Oder wenn *Or* gedeutet wird als „Verfasser eines Evangeliums, das an Zahl der Kapitel umfangreicher ist", Q als die Menge der vier Evangelisten, dann ergibt sich — im Unterschied zu der sonst üblichen — die Reihenfolge „Matthäus, Lukas, Johannes, Markus".

1.222 Strenger Kalkül.

Unter einem strengen Kalkül versteht man ein semiotisches Quadrupel, d. h. eine Folge von vier Zeichenmengen mit entspr. Operationsregeln. Ein einfaches Beispiel für $\{M_0, M_1, M_2, M_3\}$ bieten wir im folgenden:

1.2221 M_0 sei die Menge der Kalkül-Grundzeichen. Diese besteht aus zwei Untermengen, jeweils für konstante Funktoren und variable Argumente.

1.22211 Die Menge der konstanten Funktoren umfaßt lediglich den monadischen Funktor N und den dyadischen Funktor C.

1.22212 Die Menge der variablen Argumente ist abzählbar und besteht aus: $p_0, p_1, p_2, \ldots p_n$.

1.2222 M_1, die Menge der Kalkül-Zeichenreihen, besteht aus der Menge aller linearen Aneinanderreihungen von Elementen der Menge M_0, wobei Wiederholungen zulässig sind. Auch ein einzelnes Kalkül-Grundzeichen gilt als Kalkül-Zeichenreihe. Beispiele für solche Kalkül-Zeichenreihen:

„$p_2\, p_5\, N$", „Cp_1Np_1", „p_1", „C", „$CNNp_6p_3$".

1.2223 M_2, die Menge der Kalkül-Ausdrücke. Sie wird aus der Menge M_1 der Kalkülzeichenreihen durch folgende Regeln ausgesondert:

1.22231 p_0 ist ein Kalkülausdruck; desgl. jede andere einzelne Variable p_1, p_2 oder p_n.

1.22232 Wenn X ein Kalkülausdruck ist, dann auch NX.

1.22233 Wenn X und Y Kalkülausdrücke sind, so auch CXY.

1.2224 M_3 die Menge der Kalkülsätze; sie wird gewonnen durch die folgenden Festsetzungen. Sätze sind:

1.22241 $CCNp_0p_0p_0$.

1.22242 $Cp_0CNp_0p_1$.

1.22243 $CCNp_0p_1CNp_1p_0$.

1.22244 $CCp_0p_1CCNp_2p_0CNp_2p_1$.

Dazu gelten die beiden Regeln:

1.22245 Wenn X und CXY Sätze sind, ist auch Y ein Satz.

1.22246 Wenn X ein Satz ist, liegt auch ein Satz vor, wenn für einen Teil Y von X, der ein Ausdruck ist (vgl. M_2!), ein anderer Ausdruck Z eingesetzt wird unter der Voraussetzung, daß diese Einsetzung von Z für Y an allen Stellen geschieht, an denen Y in X vorkommt.

Das so definierte semiotische Quadrupel $\{M_0, M_1, M_2, M_3\}$ ist ein abstrakter Kalkül, gewissermaßen ein System zur Erzeugung von Zeichenmengen aus vorgegebenen Zeichen nach angegebenen festen Regeln, wobei keinerlei inhaltliche Bedeutung dieser Zeichen mitgegeben ist. Durch eine Definition zweiter Art, durch eine Deutungsvorschrift, ein System von Zuordnungsdefinitionen kann ein solcher abstrakter Kalkül gedeutet werden. Er kann das auf mehrfache Art.

1.223 Ein gedeuteter Kalkül heißt dann auch eine „Strenge Theorie“ oder eine „Formalisierte Sprache“.

1.224 Beispiele für eine Deutung.

1.2241 Wir ordnen den Variablen p_0, $p_1 \dots p_n$ jeweils Zahlen zu aus der Menge [0, 1] und setzen fest $N0 = 1$ und $N1 = 0$ und Cp_0p_1 soll das Produkt aus Np_0 und p_1 sein. Dann ergibt sich, daß alle Kalkülsätze, die nach M_3 gebildet sind, stets den Wert „0“ annehmen.

1.2242 Werden die Variablen $p_0 \dots p_n$ als Aussagenvariable gedeutet, die die Werte „wahr“ oder „falsch“ annehmen können, und wird N als „Negator“ und C als „Implikator“ gedeutet, so ergeben sich als Kalkülsätze nach M_3 stets Gesetze des Aussagenkalküls.

1.2243 Im Rahmen einer Booleschen Algebra können die Variablen $p_0 \dots p_n$ mit Null- oder Allklasse interpretiert werden, N als „Komplementbildung“, Cp_0p_1 als Durchschnitt von Np_0 und p_1. Dann ergeben alle Kalkülsätze M_3 die Nullklasse.

Der gleiche abstrakte Kalkül gestattet also z. B. eine arithmetische, eine aussagenlogische und eine mengentheoretische Deutung. Und er gestattet, allgemeingültige Sätze über diese Gebiete zu erhalten durch eine Aussonderung nach rein formalen Regeln, die streng kontrollierbar sind.

1.2244 Für umfassendere strenge Theorien werden allerdings Kalküle benötigt, die ausdrucksstärker sind als obiges einfaches Beispiel. Insbesondere muß bei allen Theorien, die durch Objekte mit Meßwerten deutbar sein sollen, eine Gleichheitsrelation und eine Ordnungsrelation erklärt sein. Wünschenswert ist eine skalare Ordnung, für die ferner eine Festsetzung über die skalare Differenz, d. h. die Zahl für den Abstand zweier benachbarter Elemente, über die Zuordnung eines Elements zum Skalar-Anfang (Null-Element) und die Maßeinheit zu treffen sind.

1.23 Definition als Begriffsbestimmung.

1.231 Die Konstruktion eines gesuchten Begriffes aus vorgegebenen Grundbegriffen oder Teilbegriffen nennt man Begriffssynthese oder synthetische Definition. Die Zerlegung eines vorgegebenen Begriffes in die gesuchten Teilbegriffe oder Grundbegriffe nennt man eine Begriffsanalyse oder analytische Definition. Da es sich beide Male jeweils nur um die Umkehrung des gleichen Verfahrens handelt, können sie hier gemeinsam behandelt werden. Diese Art der Definition ist die aus der Geschichte der Philosophie am meisten bekannte. Bevor wir uns ihr genauer zuwenden, sollte erst erklärt werden, was ein Begriff ist.

1.232 Vom Begriff.

Über das, was ein Begriff sei und welche überragende Tragweite dem

Begriff zukomme, darüber ist in Psychologie, Logik, Erkenntnistheorie und Metaphysik in den letzten zwei Jahrhunderten eine Riesenfülle von Worten vergeudet worden, ja, ein Großteil der Philosophie ließe sich geradezu als „metaphysischer Begriffssalat" abtun vom logischen Standpunkt aus.

Worte können direkt ein Ding bezeichnen. Sie können aber auch unsere Vorstellung von einem Gegenstand meinen. Eine solche intellektuelle Vorstellung — nicht zu verwechseln mit der sinnlichen Anschauung — kann als mentales Zeichen für einen Gegenstand betrachtet werden, und als solche mentalen Zeichen könnte man Begriffe interpretieren. Sie sollten zwar klar und deutlich sein, aber sie sind es oft eben nicht. Ein Mittel zur Verdeutlichung von Begriffen stellt die Definition dar. „Begriff" ist selbst ein Grundbegriff, der sich nicht definieren läßt; man kann nur einige seiner Aspekte beleuchten, um verständlich zu machen, worum es in etwa geht.

Das Bilden eines Begriffes, das Haben eines Begriffes beruht für den einzelnen Menschen auf einem psychischen Prozeß, ist also ein reales Ereignis. Doch dieses Ereignis erschöpft sich nicht darin, ein solches Ereignis zu sein, es hat eine Intentionalität, die darüber hinausweist. Dies Ereignis intendiert einen Bewußtseins*inhalt*. Dieser Bewußtseinsinhalt ist der *subjektive Begriff* dessen, an dem sich der entsprechende psychische Prozeß vollzogen hat. In einem erneuten psychischen Prozeß erinnert man sich an diesen subjektiven Begriff. Der subjektive Begriff hat im Bewußtsein seines Trägers Bestand, besteht nicht ohne ihn und geht mit ihm zugrunde. Die Auffassung, der Begriff bestehe nur im psychischen Prozeß, wird Psychologismus genannt, die Auffassung, der Begriff bestehe nur als subjektiver Begriff im Bewußtsein, vertritt der Conceptualismus, der sich schon bei Wilhelm von Ockham findet. Wenn der Begriff als subjektiver Begriff *nur* im jeweiligen individuellen Bewußtsein besteht, so wird er auch jeweils durch dies individuelle Bewußtsein subjektiv gefärbt sein, und es wird problematisch, ob zwei verschiedene Subjekte wirklich den gleichen subjektiven Begriff haben können. Wenn das nicht möglich wäre, wäre auch kein intersubjektiv verbindliches, eindeutiges wissenschaftliches Denken möglich. Die Lösung, zwei an sich nicht ganz gleiche subjektive Begriffe seien dann als gleich zu betrachten, wenn sie sich auf ein und denselben Gegenstand bezögen, wird dadurch problematisch, daß, ganz im Gegenteil, ein und derselbe Begriff Pferd auf individuell verschiedene wirkliche Pferde bezogen werden kann: z. B. einen Rappen, einen Schimmel, einen Hengst, eine Stute; ja, Begriffe kann es sogar von Gegenständen geben, die in Wirklichkeit gar nicht existieren, wie z. B. imaginäre Zahlen oder den „Kaiser vom Monde“ oder „viereckige Kreise“. Bernard Bolzano hat deshalb mit Nachdruck die Lehre vertreten, daß die subjekiven Begriffe der einzelnen Menschen nicht direkt auf wirkliche Gegenstände bezogen seien, sondern auf einen gemeinsamen *objektiven Begriff*, den er „Vorstellung an sich“ nannte. Das, was den Vorstellungen bzw. Begriffen gemeinsam ist, die ein Grieche kyklós, ein Lateiner circulus, ein Engländer circle, ein Franzose cercle, ein Däne kreds, ein Finne ympyrä, ein Türke daire, ein Niederländer kring, ein Rumäne cerc, ein Schwede ring, ein Spanier circulo, ein Bulgare kreg nennt und ein Deutscher Kreis, das meint die Vorstellung an sich „Kreis“. Dieser Vorstellung an sich kommt keine Existenz zu, doch sie ist gegeben und wird in dem subjektiven Begriff intendiert oder ergriffen. Andere sagen, sie hat Geltung. Nach Platon richtet sich unsere Erkenntnis auf die Idee, und die wirklichen Dinge existieren nur durch Teilhabe an der ewig und unveränderlich existierenden Idee.

Seit der Logik von Port-Royal wird ausdrücklich der Inhalt und der Umfang des Begriffes unterschieden. Jedoch sind beide Ausdrücke von verschiedenen Autoren im Laufe der Zeit verschieden verstanden worden: versteht man als Inhalt des Begriffes alle diesem übergeordneten Begriffe und als Umfang des Begriffes alle diesem untergeordneten Begriffe, dann läßt sich bei Beachtung einiger präzisierender Randbedingungen das sog. Reziprozitätsgesetz vertreten: Vermehrung des Inhaltes eines Begriffes bewirkt Verminderung des Umfanges und umgekehrt. Versteht man aber unter Umfang des Begriffes die Anzahl der Individuen, die unter den Begriff fallen, und unter Inhalt die Gesamtheit der Bestandteile, aus denen der Begriff besteht, gilt das Reziprozitätsgesetz nicht. Bernard Bolzano hat darauf hingewiesen, daß beim Inhalt des Begriffes auch die Konfiguration der Bestandteile relevant sei, da andernfalls die beiden Begriffe „gelehrter Sohn eines ungelehrten Vaters“ und „ungelehrter Sohn eines gelehrten Vaters“ denselben Inhalt hätten.

Die moderne Logik betrachtet mit Frege die Klasse oder Menge als Umfang des Begriffes, also die Extension eines monadischen Prädikators: $M =df\ \hat{x}\ f(x)$ und den Prädikator f bzw. die Aussageform $f(\ )$ als Inhalt des Begriffes. Ein Begriff ist dann nach Gottlob Frege „eine Funktion, die bei ihrer Sättigung einen Wahrheitswert ergibt“. Monadische Aussageformen $f(x)$ ergeben dabei Begriffe im herkömmlichen Sinne, dyadische Aussageformen $f(x, y)$ bzw. triadische Aussageformen $f(x, y, z)$ ergeben dann Relationsbegriffe, wie z. B. „... ist größer als ...“, „... liegt zwischen ... und ...“.

Unabhängig nun davon, ob man sich mit dem subjektiven Begriff begnügt, daneben noch einen objektiven Begriff fordert oder den Begriff formal als Menge auffaßt, läßt sich in vielen Fällen zur Definition die klassische Regel benutzen:

1.2321 definitio fit per genus proximum et differentiam specificam. Sie beruht auf der aristotelischen Unterscheidung von genus (Gattungsbegriff; übergeordneter bzw. allgemeinerer Begriff), species (Artbegriff; untergeordneter bzw. speziellerer Begriff), proprium (Eigentümlichkeit einer Sache), differentia (Unterschied), accidens (zufällige Beschaffenheit einer Sache, die auch anders oder gar nicht sein könnte). Die zufälligen Eigenschaften (Akzidenzien) einer Sache (z. B. ob jemand gerade schläft oder geht oder sitzt, seine Haarfarbe oder Körpergröße) sind ungeeignet zur Definition. Diese soll vielmehr im Sinne der Wesensbestimmung wesenskonstitutive Eigenschaften angeben. Solche wären z. B. für „Quadrat" der allgemeinere Gattungsbegriff „Rechteck" und der artspezifische Unterschied „gleichseitig". Ähnlich funktioniert die klassische Definition „Homo est animal rationale": Zu „Mensch" gehört als Oberbegriff „Lebewesen" und als artspezifisch „vernunftbegabt". Weiteres Beispiel: „Ein Dieselmotor ist eine Verbrennungskraftmaschine, bei der als Kraftstoff mittelschweres Öl (Dieselöl) in komprimierte erhitzte Luft eingespritzt wird."

1.2322 Eine besondere Art dieser Definition sind die Zweckdefinitionen (Finaldefinitionen, auch Gebrauchsdefinitionen, da sie sagen, wozu der definierte Gegenstand gebraucht wird; in der modernen Logik werden allerdings auch die impliciten Definitionen [vgl. 1.212] so genannt). Bei ihnen wird (vgl. 1.18) der Oberbegriff durch den Zweck, die Art der Benutzung eingeschränkt; da meist mehrere verschiedenartige Gegenstände zu diesem Zwecke benutzt werden können, müssen diese durch eine auf die äußere Form bezogene differentia specifica unterschieden werden. Solche Zweckdefinitionen erleichtern das Definieren bei Gebrauchsgegenständen wie Möbeln, Handwerkszeugen, Waffen usf. Beispiele:

Die Bank ist ein Sitzmöbel (doch auch Sofa, Stuhl, Sessel, Hocker sind solche und deshalb muß der artbildende Unterschied hinzukommen).

Der Degen ist eine Stichwaffe (auch: Lanze, Spieß, Dolch).

Die Schere ist ein Schneidwerkzeug (auch Messer, Glasschneider).

Der Amboß ist ein metallenes Werkzeug, das als Unterlage dient, um darauf zu schmieden oder zu hämmern.

1.2323 Einen weiteren Spezialfall bilden die genetischen Definitionen. Hier wird als artbildender Unterschied eine Beschreibung der Entstehung, des Werdens des zu definierenden Gegenstandes benutzt. Beispiele:

Brot ist ein Nahrungsmittel, das entsteht, wenn Mehl mit Sauerteig oder Hefe und Wasser vermischt nach einem Gärungsprozeß in einem Ofen erhitzt wird.

Nebel ist eine klimatische Erscheinung, die entsteht, wenn mit Wasserdampf gesättigte Luft plötzlich abgekühlt wird.

1.233 Inhalt und Umfang von Begriffen.

In Anlehnung an die moderne Mengenlehre versteht man heute unter Inhalt eines Begriffes das Prädikat, das in der Aussageform enthalten ist, mit deren Hilfe die dem Begriff entsprechende Menge definiert wird:

1.2331 $$M =df\ \hat{x}\ f\,(x).$$

Zu lesen: Die Menge *M* wird definiert als der Bereich aller derjenigen *x*, für die gilt, daß das Prädikat *f* auf *x* zutrifft. Bedeutet *f* z. B. „rot", so ist *M* die Menge aller roten Gegenstände. Dieses *f* kann seinerseits, wie in den vorangehenden Definitionsbeispielen, zusammengesetzt sein, aus mehreren Bestandteilen bestehen. Der Inhalt des Begriffes besteht dann aus diesen Bestandteilen und ihrer gegenseitigen Beziehung. Bernard Bolzano hat diese Erklärung vorgeschlagen und zur Vermeidung von Verwechslungen gefordert, nicht von „Merkmalen des Begriffes" zu reden, sondern nur von dessen Bestandteilen und statt dessen nur von „Merkmalen der Sache", auf die sich der Begriff bezieht.

1.2332 Unter dem Umfang des Begriffes versteht man dann die Menge der unter ihn fallenden Gegenstände, d. h. jedes Element, das zu der entsprechenden Menge gehört. Man nennt ein solches auch ein Designat des Begriffes.

1.2333 Das Verhältnis des Begriffes zu seinen Designaten nennt man seine Denotation. Unter Connotation eines Begriffes versteht man solche Vorstellungen, die assoziativ auf einem bestimmten kulturellen Hintergrund mit dem Designat verbunden werden. So hat z. B. „Venus" die Denotation „der Erde benachbarter innerer Planet", die Connotation „Abendstern, Morgenstern, Liebe, Erotik, antiker Götterkult usf.".

Beispiele für Inhalt und Umfang von Begriffen: Den Inhalt des Begriffes „Präsident der Vereinigten Staaten von Amerika" bilden die beiden Bestandteile „Präsident" und „U.S.A.", sowie die durch den Genitiv ausgedrückte Beziehung, daß nicht etwa irgendwelche Präsidenten, die in Amerika leben, gemeint sind, sondern das verfassungsmäßige Oberhaupt der Vereinigten Staaten. Der Umfang dieses Begriffes besteht aus den 39 bisherigen Präsidenten der U.S.A. (wenigstens zu Beginn des Jahres 1979).

Der Begriff „heutige Länder der Bundesrepublik Deutschland" umfaßt in seinem Inhalt die Merkmale: „Gegenwärtig, Land, Bundesrepublik Deutschland." Der Umfang umfaßt die sieben Flächenstaaten und drei Stadtstaaten, für die das Bonner Grundgesetz gilt.

Der Begriff „Universität der Schweiz" hat den Inhalt „Universität, in der Schweiz gelegen", als Umfang die Universitäten Basel, Bern, Fribourg, Genf, Lausanne, Zürich.

Wir sehen hier zugleich, daß der Umfang eines Begriffes von Gegenständen, denen zeitliche Dauer zukommt, sich im Laufe der Zeit ändern kann. Zur Präzisierung sollte deshalb unter die Merkmale des Begriffes der Zeitpunkt *t* bzw. eine Zeitdauer aufgenommen werden, für die der Umfang betrachtet werden soll. In unserem ersten Beispiel ergäbe sich da folgendes: „Präsident der U.S.A." hat mit dem zusätzlichen Merkmal „gegenwärtig" den Umfang 1. Nimmt man jedoch den Zeitraum „22. 11. 1963 zwischen dem Tode Kennedys und der Vereidigung Johnsons", so war da der Umfang leer; sagt man „bisherige", so ergibt sich die Zahl 39 für den Umfang im Jahre 1978; würde man „bisherige wie zukünftige" in den Begriff aufnehmen, so wäre der Umfang nicht genau anzugeben: er würde eine endliche Zahl von mindestens 39 umfassen.

Wird bei den Begriffen, die sich auf Gegenstände von zeitlicher Dauer beziehen, kein Zeitpunkt unter den Bestandteilen angegeben, so besteht die Möglichkeit, den Umfang des Begriffes nur auf die Gegenwart zu beziehen oder auf Vergangenheit und Gegenwart oder auf Vergangenheit, Gegenwart und Zukunft. Welche der drei Möglichkeiten zu nehmen ist, läßt sich u. U. aus dem Zusammenhang entnehmen. Dagegen wäre es, ohne Veranlassung durch den Zusammenhang, nicht zu vertreten, den Umfang willkürlich auf einen bestimmten Zeitpunkt *t* der Vergangenheit einzuengen, etwa in dem Satze: „Der Mensch kann durch die Sprache Gedanken und Gefühle zum Ausdruck bringen." wäre es völlig unangebracht, den Umfang von „Mensch" auf die 24 Stunden des 1. Januar 1900 zu beschränken.

Nun gibt es allerdings auch Begriffe mit konstantem Umfang: Bei Begriffen, die sich auf Gegenstände von zeitlicher Dauer beziehen, kann der Umfang von einem bestimmten Zeitpunkt ab konstant sein. Beispiele:

Kanonisches Evangelium (4),

Kaiser des 2. deutschen Reiches (3),

Schiffe, die an der ersten Entdeckungsfahrt des Kolumbus teilnahmen (3),

Abgeordneter der Weimarer Nationalversammlung (423).

Bei Begriffen, die sich auf nicht-zeitliche Gegenstände beziehen, ist der Umfang stets konstant. Er kann endlich sein, wie etwa bei:

Von regelmäßigen Polygonen begrenzter Körper (5),
Gerade Primzahl (1),
Bivalente dyadische Wahrheitswertfunktoren (16),
Reelle Lösungen der Gleichung $x^2 - x - 12 = 0$ (2),
Funktionen, die sich als Kegelschnitte darstellen lassen (3).

Der Umfang kann abzählbar unendlich sein; z. B. bei den Begriffen: Primzahl, echter Bruch.

Er kann auch überabzählbar sein, wie bei dem Begriff „Punkt einer Geraden von 1 cm Länge".

Bei endlichem Umfang kann man einen Begriff statt inhaltlich durch seine Merkmale auch umfangsmäßig bestimmen durch Aufzählung der Gegenstände, die unter ihn fallen. Doch können zu einem Begriff mit den gleichen Designaten mehrere Begriffe mit verschiedenem Inhalt gehören, z. B. zu „bayrische Millionenstadt" und „Universitätsstadt an der Isar" gehört in beiden Fällen als Designat „München". Aus Angabe von Designaten läßt sich also nicht eindeutig der Inhalt des Begriffes erhalten.

1.234 Reziprozitätsgesetz.

In vielen Lehrbüchern der Logik kann man nun die Behauptung finden, die oft sogar als ein Gesetz der Logik ausgegeben wird, daß eine Vermehrung des Inhalts eine Verminderung des Umfanges des Begriffes bedinge und umgekehrt, mit anderen Worten, Inhalt und Umfang eines Begriffes verhielten sich reziprok. Diese Ansicht, die häufig stimmt und sich durch viele Beispiele belegen läßt, wurde vor allem durch die kantische Logik verbreitet. Als allgemeines Gesetz aber ist sie falsch, wie schon Bernard Bolzano durch Gegenbeispiele belegt hat.

Es stimmt zwar etwa für den Fall:
Nordseehafen — deutscher Nordseehafen,
Wirbeltier — gefiedertes Wirbeltier,
PKW — PKW mit Frontantrieb.

Dagegen haben gleichen Umfang auch bei Vermehrung des Inhalts:

Universitätsstadt an der Lahn — hessische Universitätsstadt an der Lahn,

Gleichseitiges Dreieck — gleichseitiges Dreieck mit zwei gleichen Winkeln.

Ja, es lassen sich sogar Beispiele konstruieren, in denen eine Vermehrung des Inhaltes auch zu einer Vergrößerung des Umfanges führt:

Mensch, der alle europäischen Sprachen beherrscht — Mensch, der alle lebenden europäischen Sprachen beherrscht,

Wasserstoff — chemische Verbindungen, die Wasserstoff enthalten.

Die angebliche Reziprozität zwischen Inhalt und Umfang des Begriffes läßt sich also nicht halten als ein allgemeines Gesetz.

1.235 Definitionsregeln.

Es sei schließlich noch hingewiesen auf die Regeln, die man nach der traditionellen Lehre beachten sollte bei einer Begriffsbestimmung.

1.2351 Die Definition muß adäquat sein, d. h., sie darf nicht zu eng und nicht zu weit sein.

Beispiele: *Zu weit* ist die Definition: „Diagonale ist eine Linie, die zwei Ecken eines Vielecks miteinander verbindet."

Zu eng ist die Definition: „Diagonale ist eine Gerade, die zwei nicht benachbarte Ecken eines Vierecks miteinander verbindet."

Die Adäquatheit einer Definition kann man auf folgende Weise kontrollieren: Zu enge Definitionen lassen sich nicht allgemeingültig kontraponieren, zu weite nicht allgemeingültig konvertieren, wenn man die Definition als universelles Urteil auffaßt.

1.2352 Die Definition vermeide tunlichst negative Bestimmungen. Beispiel: „Punkt ist, was keine Ausdehnung hat." Diese Regel gilt, wie schon ihre Formulierung besagt, nicht uneingeschränkt: es gibt auch negative Begriffe, wie z. B. Komplementärklassen. Beispiel für eine Ausnahme von dieser Regel: „Windschief heißen zwei Geraden im Raum, die weder parallel sind, noch sich schneiden."

1.2353 Eine Definition sei frei von Diallelen, d. h., im Definiendum vorkommende Merkmale dürfen nicht im Definiens wieder benutzt werden. Eine Definition mit Diallelen nennt man auch eine Zirkeldefinition. Man sagt, hier werde idem per idem definiert, und spricht vom circulus vitiosus oder ὕστερον πρότερον. Man kann hier Abstufungen der Diallelen unterscheiden:

1. Die krasseste Form liegt vor, wenn das Definiendum im Definiens einfach wiederholt wird. Das nennt man Tautologie. Das geschieht oft aus Hilflosigkeit und Verlegenheit. Beispiele: „Ein Kreis ist ein Kreis." „Eine Schreibmaschine ist eine Maschine zum Schreiben." Solche Tautologien sind zwar nicht falsch, im Gegenteil, aufgrund des Satzes von der Identität sind sie sogar sicher wahr, aber sie besagen im Grunde genommen nichts. Oft allerdings steht doch noch eine tiefere Bedeutung dahinter: d. h., der Sprecher einer Tautologie meint damit mehr, als der Satz rein formal besagt. Beispiele: „Eine Frau ist eine Frau." „Persil bleibt Persil." „Hier sitzen immer die, die hier immer sitzen." (Eine Erklärung für „Stammtisch".)
2. Einfacher Zirkel: Chemie ist die Wissenschaft von den chemischen Erscheinungen.
   Parallele sind Gerade, die parallel laufen.

Philosoph heißt ein Mensch, der philosophiert.

Radarkontrolle ist die Kontrolle eines Raumgebietes mittels Radarapparaten.

Solche Zirkeldefinitionen können jedoch durchaus brauchbar sein, wenn sie in einer Definitionskette dazu dienen, eine Definition in mehrere Schritte zu zerlegen. Beispiel: „Ein Logikkalkül ist ein logisch gedeuteter Kalkül. Ein Kalkül ist ein Zeichensystem mit zugehörigen Operationsregeln. Ein Kalkül heißt gedeutet, wenn seinen Zeichen Elemente eines Modells so zugeordnet werden können, daß den Beziehungen zwischen den Elementen des Modells zugleich auch Beziehungen zwischen den Kalkülzeichen oder Operationsregeln entsprechen. Unter logischer Deutung verstehen wir die Zuordnung von syntaktischen Kategorien."

Der Zirkel kann jedoch auch nur scheinbar sein: „Eine Zahl ist die Klasse aller gleichzahligen Klassen." Hier liegt kein echter Zirkel vor, da man „gleichzahlig" ohne Rückgriff auf „Zahl" oder „zählen" definieren kann durch den Begriff der eineindeutigen Zuordnung: zwei Klassen heißen gleichzahlig, wenn sich ihre Elemente eineindeutig zuordnen lassen. Beispiel: Wenn in einem Raum auf jedem Stuhl genau einer sitzt, ist die Anzahl der Stühle und der Personen in diesem Raume gleichzahlig.

3. Ein mittelbarer Zirkel liegt vor, wenn ein im Definiens vorkommendes Merkmal sich wiederum nur durch das Definiendum definieren läßt. Beispiel: Rotation ist die Bewegung um eine Achse. Achse aber ist die als ruhend gedachte Gerade, um die ein Körper rotiert.

Mittelbare Zirkel lassen sich, sofern der Zirkel sich über eine längere Reihe von Schritten erstreckt, oft nur schwer erkennen. Sie sind sicher zu vermeiden bei konsequenter Anwendung des Verfahrens per genus proximum et differentiam specificam.

1.2354 Eine Definition soll nicht abundand sein. D. h., sie soll keine überflüssigen Merkmale enthalten. Beispiele: Ein Quadrat ist ein gleichseitiges Rechteck mit rechtwinklig sich schneidenden Diagonalen. Der Mensch ist ein vernunftbegabtes Lebewesen, fähig zur Reflexion. Die Fledermaus ist ein mit Flughäuten ausgestattetes Säugetier, das durch Lungen atmet.

Positiv wird die vierte Regel auch so ausgedrückt: die Definition enthalte nur die wesenskonstitutiven Merkmale. Wesenskonsekutive Merkmale (propria) und Akzidenzien gehören also normalerweise nicht in eine Definition hinein.

1.2355 Eine Definition soll präzise sein: sie soll möglichst knapp gehalten sein und im Sinne von Descartes klare und deutliche Ausdrücke enthalten. Insbesondere soll sie bildliche Redensarten meiden, wie z. B. „Architektur ist gefrorene Musik.“, „Liebe ist ein gewisses Gefühl, das man hat, wenn man ein gewisses Gefühl hat, von dem man nicht weiß, was es für ein Gefühl ist.“, „Ein Gerücht ist eine Erzählung von einem Mann oder irgendwem, der in Buxtehude oder irgendwo eine Frau oder irgendwen ermordete oder irgendwas.“, „Humanismus besteht im Schätzen der Werte echter Menschlichkeit.“

1.2356 Die Definition darf keine Widersprüche enthalten. Sonst spricht man von „contradictio in terminis“ oder „contradictio in adiecto“. Beispiele dafür: Viereckiger Kreis, hölzernes Eisen, kalte Hitze, pfeifenrauchender Nichtraucher, blinder Zuschauer.

1.24 Definition als Zeichenerklärung.

Schließlich kann Definition auch Erklärung über den bestehenden Gebrauch eines Zeichens sein, wobei auch Worte diese Zeichen sein können. Diese Art der Definition entspricht in etwa dem, was man auch Nominaldefinition genannt hat. Die Feststellung, was ein bestimmtes Zeichen oder Wort bedeutet oder wie es verwandt wird, ist weitgehend eine philologisch-historische Arbeit. Dabei wird sich bei vielgebrauchten Worten häufig ergeben, daß sie in mehreren verschiedenen Bedeutungen angewandt werden. So bedeutet „Idee“ bei Platon etwas anderes als bei Kant, „Philosophie“ bei Aristoteles etwas anderes als bei Karl Jaspers; für das Wort „Definition“ bieten wir hier gleich fünf Gruppen von Bedeutungen an. U. U. ist es deshalb zweckmäßig, die Feststellung über den Gebrauch eines Wortes auf eine bestimmte Zeit, eine bestimmte Schule oder einen bestimmten Autor oder ein bestimmtes Anwendungsgebiet zu beschränken, also z. B. zu fragen: Was bedeutet „transzendental“ bei Kant? Was heißt „substantia“ in der Scholastik? Was versteht die Physik unter „Kraft“? Was bedeutet „Gnade“ in der katholischen Theologie? Was versteht man in der Tiefenpsychologie unter „Verdrängung“? Oder: Was versteht man unter „Konjunktion“ in Logik, Astronomie und Grammatik? Was versteht man unter „Logistik“ in der Philosophie oder beim Militär?

Es ist schließlich zu beachten, daß manche Begriffe in einem engeren oder weiteren Sinne, in ursprünglicher oder übertragener Bedeutung (Analogie) gebraucht werden oder auch in verschiedener Supposition. Näheres darüber in Kapitel 2.

Die Feststellung, daß ein Zeichen in einer bestimmten Bedeutung gebraucht wird, ist eine Aussage; einer Aussage aber kommt (im Gegensatz zu den drei vorangehenden Arten der Definition, die Festsetzungen waren) die Eigenschaft zu, wahr oder falsch zu sein. Gegebenenfalls müßte also die Wahrheit einer Definition vierter Art begründet werden. Das geschieht durch Hinweise auf entsprechende Stellen bei den Autoren oder auch durch Hinweise auf entsprechende Bedeutungsanalysen. Für viele Wissenschaftsgebiete gibt es schon Fachwörterbücher, in denen die verschiedenen Bedeutungen, in denen die für diese Wissenschaft wichtigen Wörter vorkommen, zusammengestellt sind. So gibt es z. B. umfangreiche, mehrbändige Wörterbücher der Philosophie, wie auch eine Reihe einbändiger. Es gibt psychologische Wörterbücher, mathematische, physikalische, pädagogische Wörterbücher usf. Manche dieser Wörterbücher und Lexika bieten allerdings nicht nur Wort-, sondern auch Sacherklärungen. Und damit sind wir bei einer fünften Bedeutung des Terminus Definition:

1.25 Definition als Sacherklärung.

Hierunter würde auch das fallen, was man Wesensbestimmung nennt, soweit es sich nicht bereits unter 1.23, der Begriffsbestimmung, unterbringen läßt. Definition als Wesensbestimmung ist insofern etwas problematisch, als auch das, was man unter „Wesen" versteht, problematisch ist. Versteht man mit Kant unter dem Wesen das prinzipiell unerkennbare „Ding an sich", so kann nicht das Wesen des an sich bestehenden Dinges, sondern nur der im Verstande bestehende Begriff durch die Definition erfaßt werden. Nach Platon aber ist der Begriff das verstandesmäßige Abbild der Idee. Und nach Edmund Husserl kann aufgrund seiner phänomenologischen Methode das Wesen unmittelbar intuitiv erschaut oder erfühlt werden. Wie dem auch sei, für die Methodologie genügt es, von den wesentlichen Beschaffenheiten einer Sache zu wissen, d. h. von den wesenskonstitutiven Merkmalen, nämlich von den Merkmalen, auf die es ankommt, den Merkmalen, ohne die die Sache nicht mehr das wäre, was sie ist.

Wieweit diese wesentlichen Beschaffenheiten das Wesen selbst bereits ausmachen oder neben ihnen noch ein Wesensträger da ist, ist ein Problem der Ontologie, das wir hier nicht zu klären brauchen.

Worterklärungen gehen häufig in Sacherklärungen über, wie die bereits früher angeführte Erklärung dessen, was eine Eisenbahn ist, durch das Reichsgericht zu Leipzig.

1.251 Auch die Zweckdefinitionen können in Sacherklärungen übergehen, wenn wir zur Begriffsbestimmung die Beschreibung des Gebrauchs einer Sache benutzen. Beispiel: Ein Nebelscheinwerfer ist ein elektrischer Scheinwerfer an einem Fahrzeug, dazu bestimmt, bei Nebel oder Schneefall gelbes Licht in Bodennähe auszustrahlen. Definition als Sacherklärung im weiteren Sinne ist eine Beschreibung des Gegenstandes, die hinreichend deutlich macht, was gemeint ist und wie er sich von anderen unterscheidet.

1.252 Sonderfälle solcher Beschreibungen sind auch die Definition durch Vergleich. Beispiel: Diathermität ist das in bezug auf Wärmestrahlung, was Durchsichtigkeit in bezug auf Lichtstrahlen ist. Die Domkapitulare haben neben dem Bischof eine ähnliche Funktion wie die Kardinäle neben dem Papst.

1.253 Eine andere Art von Beschreibung ist die schon erwähnte genetische Definition: man erklärt eine Sache durch Beschreibung ihrer Entstehung.

So sagt Lessing z. B.:

Wenn wir einen allgemeinen moralischen Satz auf einen besonderen Fall zurückführen, diesem besonderen Fall die Wirklichkeit erteilen und eine Geschichte daraus dichten, in welcher man den allgemeinen Satz anschauend erkennt: so heißt diese Erdichtung eine Fabel.

Im engeren Sinne versteht man als Definition im Sinne von Sacherklärung den Inbegriff der wissenschaftlichen Aussagen über ein Gebilde, bzw. den Teil dieser wissenschaftlichen Aussagen, aus dem man alle anderen nach strenger Methode herleiten kann. Die Theorie wissenschaftlicher Erklärung macht einen großen Teil der modernen Wissenschaftstheorie aus.

1.254 Hierher gehört auch die sog. operative Definition von Dispositionsprädikaten. Beispiel: Säure ist eine chemische Verbindung, die in wässeriger Lösung H-Ionen bildet.

„Säure" wird hier durch eine Eigenschaft definiert, die nicht als solche wahrnehmbar ist, sondern erst feststellbar ist, wenn eine bestimmte Operation vorgenommen wird, nämlich Herstellen einer wäßrigen Lösung mit dieser Säure. Ähnlich müßte man das Dispositionsprädikat „brennbar" definieren: „*A* ist brennbar, wenn es in Gegenwart von Sauerstoff bei entsprechender Entzündungstemperatur brennt."

Wissenschaftstheoretisch werfen Dispositionsprädikate wie operative Definitionen erhebliche Probleme auf.

1.3 Grenzen der Definierbarkeit

Es sei angemerkt, daß es nicht möglich ist, grundsätzlich alles zu definieren: das müßte ja zwangsläufig zu Zirkeldefinitionen führen. Grundsätzlich benötigt man für jedes System von Definitionen eine Reihe von Grundbegriffen, die nicht weiter definiert werden. Es gibt sogar Begriffe, die auch nicht streng definiert werden können, so z. B. die einfachen Sinnesqualitäten wie Licht, Farbe, Ton, sowie die obersten Gat-

tungsbegriffe oder Kategorien. Ferner gibt es sog. „gemüseartige" Begriffe, die so unscharfe Grenzen haben, daß sie nicht definiert werden können, wie z. B. „Gemüse".

1.4 Grenzfälle von Definition

Es gibt eine Reihe von Operationen, die in einer gewissen Verwandtschaft zur Definition stehen.

1.41 Eine *Beschreibung* ist eine Aufzählung äußerer Merkmale, die so weit gehen sollte, daß man den beschriebenen Gegenstand wiedererkennen kann.

1.42 Eine *Schilderung* ist eine emotional gefärbte Beschreibung.

1.43 Ein *Tatbestands-* oder *Lagebericht* bzgl. eines Sachverhaltes oder eines Ereignisses antwortet auf die Fragen: wann?, wo?, wer?, was?, wie?, evtl. auch noch auf womit?, wodurch?, wozu?. Z. B.: Am 28. Februar 1977 um 11.11 Uhr, auf der B 3 bei der Ortseinfahrt Neustadt, ein grauer Audi 80 mit Kennzeichen XY, fuhr gegen das Ortsschild an der rechten Seite, mit mehr als 70 km/h Geschwindigkeit, um einem von links plötzlich heranrollenden Kinderwagen auszuweichen.

1.44 Die *Exposition* oder *Erörterung* eines Begriffes will seine Stellung in einem begrifflichen System darlegen.

1.45 Ein Begriff, der nicht definiert werden kann, kann evtl. *erläutert* werden durch Hinweis auf Gegenstände, die unter ihn fallen, durch Nennung von Beispielen für Designate, durch Anführung von ähnlichen Begriffen oder Hinweis auf Gegenbeispiele, Gegensätze oder passende Anwendungen.

Viele Wörter der Umgangssprache sind in ihrer Bedeutung nicht scharf abgegrenzt. Nur so kann die Sprache mit einer begrenzten Menge von Wörtern immer neue Gegenstände erfassen. Es kann allerdings manchmal sehr erwünscht sein, Wörter schärfer abzugrenzen zur genaueren Erfassung eines Sachverhaltes. Benutzt man dann eine Definition, um den sonst üblichen Sprachgebrauch eines Wortes einzuengen, zu präzisieren, spricht man von *Verschärfungsdefinition.* Manchmal aber hat man für einen Gegenstand noch kein passendes Wort. Dann kann man die Bedeutung eines Wortes für einen ähnlichen Gegenstand etwas modifizieren und spricht von *korrektiver* Definition oder *Verbesserungsdefinition.*

2. DER UNTERSCHIED

2.0 Wissenschaftliche Relevanz der Unterscheidung

Wissenschaftliche Erkenntnis besteht weitgehend in Urteilen. Urteilen aber besteht darin, sich unter einer Mehrheit von möglichen Aussagen für eine zu entscheiden. Entscheiden aber setzt Unterscheiden voraus. Nur wenn man die vorgegebenen Möglichkeiten klar unterscheiden kann, sich über die Tragweite der verschiedenen Möglichkeiten im klaren ist, kann man sich vernünftig entscheiden. Die Fähigkeit aber, unterscheiden zu können, nennt man das Vermögen zur Kritik. Echte Wissenschaft ist ihrem Wesen nach kritisch, d. h., sie unterscheidet, differenziert, distinguiert. Unkritische Wissenschaft ist eine „contradictio in adiecto", ein Widerspruch in sich. „Kritisch" kommt vom griechischen κρίνω, d. h. ich scheide, sichte, trenne, sondere ab. Wer diese Fähigkeit, zu sichten, klar zu sehen, Gegenstände auseinanderzuhalten, zu kennen, zu unterscheiden, nicht besitzt, den nennen wir unkritisch. Wer beansprucht, kritisch zu sein, sollte darum vor allen Dingen um diese Fähigkeit des Unterscheidens, der Distinktion sich bemühen. Schon in der Scholastik hieß es: „Bene loquitur qui bene distinguit."

Die Fähigkeit zu unterscheiden, die Fähigkeit zu einer echten Kritik ist von grundlegender Bedeutung für jede Art wissenschaftlicher Arbeit.

Definieren setzt einerseits Unterscheiden voraus, andererseits werden Unterschiede durch verschiedene Definitionen verdeutlicht. Deshalb ist es müßig, zu fragen, ob die Distinktion oder die Definition das Primäre sein muß.

2.1 Arten des Unterschiedes

Die Distinktion wollen wir nun zunächst auf die Distinktion selbst anwenden, wollen fragen, welche Unterscheidungen sollten wir bei der Unterscheidung selbst machen. Wenn wir von Dinstinktion reden, dann kann damit die gedankliche Operation des Unterscheidens, die Unterscheidung selbst, gemeint sein; aber auch das, was durch diese Operation festgestellt wird, z. B. der Unterschied zweier Gegenstände. Die Operation des Unterscheidens, der Akt der Unterscheidung besteht bloß innerhalb unseres Denkens. Der Unterschied selbst dagegen kann auch bei den Gegenständen vorhanden sein, muß das aber nicht immer.

2.11 Wir sprechen im letzten Fall von bloß gedanklichem oder logischem Unterschied. In der Scholastik sagte man: „distinctio mentalis".

Beispiele: „Der Verfasser von ›Werthers Leiden‹" und „Der Verfasser des ›Götz von Berlichingen‹" lassen sich zwar gedanklich unterscheiden, in Wirklichkeit aber meinen beide Goethe.

Der Begriff „gleichseitiges Dreieck" und „gleichwinkliges Dreieck" meint dasselbe.

2.111 Bei der distinctio mentalis sollte man wiederum unterscheiden die „distinctio pure mentalis"; sie liegt vor, wenn der Unterschied ganz allein in unserem Denken besteht, etwa bei „Mensch" und „animal rationale".

2.112 Der Unterschied kann aber auch aufgrund einer Beschaffenheit der Sache selbst gemacht werden, ohne daß es sich um zwei verschiedene Gegenstände handelt. Man spricht dann von „distinctio mentalis cum fundamento in re" oder von „distinctio virtualis". Beispiel: „Größte deutsche Hafenstadt" und „deutsche Stadt, in der wiederholt internationale Gartenbauausstellungen stattfanden" meinen beide Male Hamburg, die Unterscheidung beider Bezeichnungen ist jedoch in der Sache selbst durch verschiedene Eigenschaften begründet.

2.12 Der reale Unterschied, „distinctio realis", dagegen verlangt, daß es sich um zwei verschiedene Sachen handelt, wie z. B.: „Der Kölner Dom" — „Otto von Bismarck".

2.121 Man unterscheidet hier den Fall, daß beide Gegenstände verschieden sind und auch unabhängig existieren können, „distinctio realis maior", von dem Fall,

2.122 daß es sich zwar um zwei Gegenstände handelt, daß sie aber nicht unabhängig voneinander existieren können: „distinctio realis minor" oder „distinctio modalis". Beispiel: Denkakt und Denkvermögen sind zwar etwas Verschiedenes, können aber nicht unabhängig voneinander existieren. Das gleiche gilt für „elektrisches Feld" und „magnetisches Feld".

2.2 Zeichen- bzw. Wort-Kategorien

Für Definitionen wie Unterscheidungen benutzen wir Zeichensysteme. Das wichtigste aller Zeichensysteme aber ist die Sprache. Da wir uns ihrer ständig bedienen, glauben wir ganz selbstverständlich, sie zu kennen. Nun besteht die Sprache aus Worten, und wir wollen uns deshalb zunächst einmal mit einigen Unterscheidungen beschäftigen, zu denen Worte Anlaß geben.

2.21 Ist das Wort „Stock" und das Wort „stecken" dasselbe Wort? Wie steht es mit „Stock", „Stockes", „Stöcke", „Stöcken" — sind alle vier dasselbe Wort? Ist „Stock" und „STOCK" und „stock" dasselbe Wort? Ist das geschriebene, das gesprochene und das gedachte Wort „Stock" jeweils dasselbe? Beschränken wir uns zunächst einmal auf geschriebene Worte: „Stock" und „Stock" sind offensichtlich nicht ohne weiteres ein und dasselbe — es liegen hier zwei verschiedene Anhäufungen von Druckerschwärze auf Papier vor: es handelt sich um zwei reale, wirkliche, materielle Körper, die also real verschieden sind. Es besteht eine echte distinctio realis zwischen beiden.

Ist nun das Wort „Stock", gesprochen am 1. Januar 1978 und gesprochen am 24. Juni 1978, identisch? Es ist unbestreitbar, daß es sich um zwei verschiedene Ereignisse handelt: Die Schwingungen der Luftwellen am 1. Januar mögen zwar von gleicher Gestalt gewesen sein wie am 24. Juni, aber es waren zwei Ereignisse zu verschiedener Zeit, die, was Tonhöhe, Intensität und Klangfärbung anbetreffen, evtl. doch auch noch geringfügige Abweichungen bei genauer Beobachtung erkennen lassen. Und das geschriebene Wort ist nicht identisch mit dem gesprochenen Wort, das dürfte auf jeden Fall klar sein. Das führt uns auf einen Unterschied, der sich noch mehr differenzieren läßt!

2.211 Das gesprochene Wort „ja" ist ein akustisches Ereignis, wir wollen das ein „Akustem" nennen.

2.212 Wir können „ja" aber auch mit Kreide auf eine Tafel, mit Bleistift, Tinte, Tusche, Farbe auf Papier oder eine andere Unterlage schreiben, wir können es in Wachs, Metall oder Holz einritzen, in Stein einmeißeln. Ein solches optisch wahrnehmbares Wort, das von einer gewissen Dauer ist, wollen wir „Graphem" nennen.

2.213 Wir können ein „ja" aber auch durch Nicken des Kopfes oder eine Handbewegung andeuten. Eine solche Geste wollen wir „Kinem" nennen.

2.214 Wir können das Wort „ja" aber auch nur denken, es in einem psychischen Prozeß vergegenwärtigen. Das wollen wir „Psychem" nennen.

2.215 Ein bestimmtes Wort kann also individuell und konkret in der Wirklichkeit erscheinen als Akustem, Graphem, Kinem oder Psychem. Akustem, Kinem und Psychem sind Ereignisse. Aber auch das Graphem entsteht, übt gewisse Wirkung aus, verändert sich im Laufe der Zeit, geht schließlich zugrunde, so daß es auch ein Ereignis ist, wenn auch von relativ längerer Dauer.

Es gibt also zumindest vier Arten von Wortereignissen. Nun kann man auf größere Entfernung Worte auch durch Licht- oder Rauchsignale übermitteln; in der Marine waren früher Winksignale üblich. Noch heute werden Flaggensignale benutzt.

2.216 Ein solches über gewisse Entfernungen sichtbares Signal möge ein „Optem" heißen.

2.217 Heute ist es von ganz erheblicher Bedeutung, daß Informationen durch elektrische Sromstöße oder Radiowellen übermittelt bzw. elektromagnetisch gespeichert werden können. Ein Zeichenelement solcher Art möge „Eltem" heißen.

Selbst wenn es noch weitere Arten gäbe — dies sind sicherlich die häufigsten und wichtigsten. Es soll nun nicht untersucht werden, ob eines dieser Wortereignisse, etwa das Akustem, das historisch oder systematisch primäre ist und ob die anderen zunächst Zeichen für das Akustem und erst mittelbar dadurch Worte für etwas sind. Es gibt auch Beispiele, die es gerechtfertigt erscheinen lassen, alle Arten oder Kategorien von Wortereignissen als gleichberechtigt zu behandeln. Gemeinsam ist ihnen, daß sie stets als konkrete individuelle Ereignisse auftreten; daß sie ferner auftreten als Zeichen für etwas. Das Wortereignis bezeichnet etwas in einer individuellen, konkreten Situation Intendiertes (ohne daß dieses Etwas nun auch individuell und auch konkret sein muß).

2.22 Als gemeinsame Bezeichnung für einmalige Signale von der Art des Akustem, Graphem, Kinem, Psychem, Optem oder Eltem wollen wir das Wort „Lalem" verwenden. D. h., unter Lalem verstehen wir ein bestimmtes, individuelles Wortereignis, das als Akustem, Graphem, Kinem, Psychem, Optem oder Eltem auftreten kann.

Die Ausdrücke „Graphem", „Psychem" gehen auf den finnischen Logiker Uuno Saarnio zurück, „Kinem" wird in der angelsächsischen Linguistik gebraucht. Statt „Akustem" sagte Uuno Saarnio „Phonem" — doch da das in der Linguistik etwas anderes bedeutet, möchte ich statt dessen den Ausdruck „Akustem" vorschlagen.

Wegen ihrer fundamentalen Wichtigkeit mögen diese Unterscheidungen an einem Beispiel erläutert werden! Wenn ich jetzt das Wort „Stock" ausspreche — und spreche es dann anschließend noch einmal aus: Zwar wird dann beide Male die Luft durch Schallwellen in bestimmter Weise bewegt, aber es handelt sich um zwei verschiedene Ereignisse. Und wenn ich nochmals „Stock" sage, dann findet wieder ein neues Ereignis statt. Doch es sind jeweils real verschiedene Ereignisse. Und wenn ich mir jetzt in Gedanken das Wort „Stock" vorstelle — und es tut das jemand anderes, oder ich tue es anschließend nochmals, dann findet dabei jeweils ein bestimmter psychischer Prozeß statt; doch die einzelnen Prozesse, die jeweils stattfinden, sind voneinander real verschieden. Jeder dieser psychischen Prozesse ist ein neues Psychem. Wenn ich ein ganz bestimmtes Wort, wie z. B. Stock, in konkreter Situation hinschreibe, also durch Kreide an die Tafel, durch Bleistift, Tinte, Kugelschreiber auf Papier, durch einen Griffel auf Wachs oder Schiefer, durch Meißel oder Ritzinstrumente auf Stein die graphischen Zeichen erzeuge, die Zeichen für dies Wort sein sollen, dann erhalte ich als Ergebnis meiner Handlung das Graphem „Stock". Dies Graphem ist also ein wirklich existierendes, individuelles Ding, oder, da es von bestimmter Dauer ist, entsteht und vergeht und auch gewissen Veränderungen unterliegt, sagen wir besser, ein Graphem ist ein wirkliches Ereignis. Und wenn ich mit meinen Sprechwerkzeugen akustische Phänomene erzeuge, die dem Wort Stock entsprechen, vollzieht sich wiederum ein wirkliches Ereignis: Dies Ereignis nennen wir „Akustem". Und ein entsprechendes psychisches Ereignis, ein konkreter Prozeß des Vorstellens eines bestimmten Wortes, heiße „Psychem". In der Taubstummensprache läßt sich ein entsprechendes Kinem „Stock" vollziehen. Wir haben also zumindest vier Arten von wirklichen Ereignissen zu unterscheiden, wenn wir z. B. das Wort „Stock" benutzen: die Arten von Ereignissen, die wir die Grapheme „Stock" nennen, die Akusteme „Stock", die Kineme „Stock" und die Psycheme „Stock". Und jedesmal wenn sich ein solches Ereignis abspielt, z. B. ein Akustem „Stock", handelt es sich um ein real verschiedenes Ereignis. Desgleichen wenn wir das Wort „Stock" durch ein Optem oder Eltem signalisieren. Man spricht auch von "sign event".

Doch den verschiedenen Ereignissen ist es gemeinsam, daß sie jedesmal Zeichen für denselben realen Gegenstand Stock sein können. Wie aber kann ich, wenn es jedesmal ein anderes Zeichen ist, erkennen, daß dasselbe Bezeichnete, derselbe Gegenstand, dasselbe Ding Stock mit den verschiedenen Ereignissen gemeint ist? Nun, die Ereignisse, die die Zeichen darstellen, sind eben nicht total verschieden voneinander: Sie sind verschieden in dem Sinne, daß sie nicht identisch sind, doch sie haben eine gewisse Ähnlichkeit miteinander. Diese Ähnlichkeit besteht in einer ungefähren Gleichheit der Gestalt — beim Graphem der graphischen Gestalt, beim Akustem der akustischen Gestalt, beim Kinem der Bewegungsgestalt, und analog dazu wollen wir auch beim Psychem von der psychischen Gestalt reden, beim Optem von der optischen, beim Eltem von der elektromagnetischen Gestalt. Man spricht auch von "sign structure". Wie groß die ungefähre Gleichheit sein muß, damit wir von zwei Graphemen noch sagen können, sie seien gleichgestaltig oder isomorph, ist eine Frage der Vereinbarung, kann nur konventionell entschieden werden.

2.23 Die Klasse aller isomorphen Wortereignisse „Stock“ wollen wir die Wortgestalt „Stock“ nennen, oder das *Logem* „Stock“.

Demgegenüber hieß das Wortereignis „Stock“, soweit es offenbleibt, ob es sich dabei um ein Graphem, ein Akustem, ein Kinem, Psychem, Optem oder Eltem handelt, das „Lalem“ Stock. In der Wirklichkeit gibt es also nur Laleme Stock, abgesehen von dem Ding Stock selbst. Aber die Laleme stehen fast immer für etwas anderes als das Lalem selbst, wenn sie sich ereignen, oft z. B. für das entsprechende Logem. Das Logem selbst kann weder graphisch noch akustisch noch als Kinem (Gestus) noch psychisch oder optisch oder elektromagnetisch dargestellt werden.

Diese Unterscheidung zwischen dem Wortereignis und der Wortgestalt, zwischen dem Lalem und dem Logem, erscheint zwar ganz selbstverständlich und simpel — doch sie macht erfahrungsgemäß große Denkschwierigkeiten. „Stock“ und „Stock“ sind zwei verschiedene Laleme, doch sie stellen nur ein und dasselbe Logem dar!

Auf der Seite des Bezeichneten ist es übrigens ganz ähnlich: Es existieren in der Wirklichkeit zahlreiche individuelle einzelne Gegenstände, z. B. der Spazierstock des ehemaligen Bundeskanzlers Kiesinger, der Schlagstock des Polizisten Müller, der Zeigestock des Lehrers Maier, der Stock, an den in meinem Zimmer mit Bast ein Gummibaum gebunden ist. Alle diese einzelnen Gegenstände aber haben einige Züge gemeinsam, die uns Anlaß geben, ihnen den gemeinsamen Namen „Stock“ zu geben. (Dieser gemeinsame Name ist übrigens ein Logem.) Welche Art Existenz dem zukommt, was den wirklichen Stöcken gemeinsam ist, was die Scholastiker das *universale* nannten, ist ein ontologisches Problem, über das es in der Philosophie mehrere Theorien gibt.

Aber mit dem Unterschied von Lalem und Logem ist das Problem noch nicht gelöst — wie steht es mit „Stock“ und „Stöcke“ bzw. „Stockes“, „Stöcken“? Hier liegen vier Grapheme vor, denen kein gemeinsames Logem entspricht, sondern es handelt sich auch um vier verschiedene Logeme: Genitiv und Plural haben jeweils eine etwas andere Bedeutung. Und auch der Nominativ „Stock“ ist nicht dasselbe wie das Logem „Stock“, wenn sie auch durch zwei isomorphe Grapheme ausgedrückt werden, d. h., es liegt nicht das gleiche Logem vor. Wenn wir in einem Lexikon das Graphem „Stock“ lesen, dann ist damit nicht nur das Logem „Stock“ gemeint, sondern alle grammatisch möglichen Deklinationsformen des Nominativs „Stock“.

2.24 Wir wollen in diesem Falle von dem *Lexem* „Stock“ sprechen.

Ein anderes Lexem jedoch liegt zugrunde bei den Graphemen „stecken", „stak", „steckend", „stecke", „steckst", „steckt". Das Lexem eines Substantivs wird durch ein Lalem angezeigt, das die Gestalt des Logems hat, die dem Nominativ Singular entspricht. Das Lexem eines Verbums wird im Deutschen durch ein Lalem angezeigt, das die Gestalt des Logems hat, dem der Infinitiv entspricht. Im Lateinischen und Griechischen nimmt man dagegen die 1. Person singularis praesentis indicativi activi.

2.25 Schließlich noch zu den beiden Lexemen „Stock" und „stecken"! Sie gehen auf eine gemeinsame sprachliche Wurzel zurück, haben einen gewissen Bedeutungsgehalt gemeinsam. Wir wollen sagen, es liegt das gleiche *Radicem* vor.

Der Unterschied zwischen Lalem, Logem, Lexem und Radicem mag durch einige Beispiele erläutert werden: „Der Lehrer belehrt die Lehrerin" hat fünf Grapheme (wenn der Satz gesprochen wird: fünf Akusteme), die fünf Laleme darstellen; er hat fünf Logeme, vier Lexeme, zwei Radiceme. Oder: „Ein Mann steckt zwei Stöcke in den Sand, einen großen Stock und einen kleinen Stock." Dieser Satz hat fünfzehn Grapheme, die zugleich auch fünfzehn Laleme sind; er hat dreizehn Logeme, elf Lexeme, neun Radiceme.

Oder: „Der Leser liest, daß der Professor morgen die Vorlesung nicht liest." hat elf Grapheme (Laleme), neun Logeme, acht Lexeme, fünf Radiceme. Mit Hilfe dieser Unterscheidungen in vier Stufen oder Kategorien des Wortes, von denen die erste, das Lalem, wiederum mindestens sechs Arten des Wortereignisses umfaßt, sind wir nun in der Lage, die Frage zu beantworten, ob es sich bei dem Wort „Stock", gesprochen am 1. Januar 1978 und gesprochen am 24. Juni 1978, beide Male um dasselbe Wort handelt: Es handelt sich offensichtlich um zwei verschiedene Akusteme. Aber diese beiden Akusteme stehen beide Male als Zeichen für ein und dasselbe Logem.

2.251 Unsere Unterscheidung leistet aber noch mehr: sie kann auch analog angewandt werden auf Aussagen. Die hier und jetzt ausgesprochene Aussage „Heute mittag ist es in Aachen 30° C", und die Wiederholung dieser Aussage 30 Sekunden später stellen zwei verschiedene Satz-Akusteme dar. Und ähnlich stellen die beiden Aussagen, die in einem Buch auf Seite 7, Zeile 10, und auf Seite 8, Zeile 3, gedruckt sind,

2.252 zwei verschiedene Satz-Grapheme dar, die jedoch beide Zeichen für ein und dasselbe Satz-Logem sein können. Das Satz-Logem wäre also das, was die Stoiker das λεκτόν nannten und was Bernard Bolzano den „Satz an sich" nennt. Er definiert es als das, was ein Satz ist, unabhängig davon, ob er gesprochen oder gedruckt wird. Das entspricht dem, was Gottlob Frege den Sinn einer Aussage nennt, den Gedanken, den sie ausdrückt. Aber auch dem Lexem entspricht bei den Sätzen etwas: das, was der Aussage, der Frage, dem Befehl, dem Wunsch, der Annahme gemeinsam ist: wenn wir die Sätze haben: „Hans schließt die Tür“, „Schließt Hans die Tür?“, „Hans, schließe die Tür!“, „Möge Hans doch die Tür schließen!“, „Angenommen, Hans schlösse die Tür“ — so haben diese fünf Sätze einen Gedanken gemeinsam,

2.253 und der läßt sich dann analog das Satz-Lexem nennen. Schon Gottlob Frege weist darauf hin, daß Aussage und Frage verschiedene Weisen sind, einen Gedanken zu fassen. Die Transformationsgrammatik der modernen Linguistik, z. B. bei Noam Chomski, zeigt die rein formalen Methoden, wie man den sprachlichen Ausdruck einer Frage in den eines Befehls z. B. umformt, und setzt dabei für beides eine gemeinsame Basis voraus (deep structure) — das würde unser Satz-Lexem sein. Dagegen scheint es mir problematisch, ob sich auch ein sinnvolles Gebilde aufzeigen läßt, das man Satz-Radicem nennen könnte.

2.26 Aber unsere Unterscheidung hat schließlich noch eine ontologische Parallele! Zu den Kategorien des Wortes lassen sich Kategorien auf seiten des vom Wort Bezeichneten aufweisen.

2.261 Dem konkreten, individuellen Wortereignis, dem Lalem, entsprechen die konkreten, individuellen *Dinge.*

2.262 Dem Logem dagegen, als der Klasse der isomorphen Laleme, würden die *Begriffe,* die Universalien entsprechen, als gemeinsame Strukturen der Dinge.

2.263 Dem Lexem schließlich, das durch Deklination, Konjugation usw. Bezüge des Logems darstellt, würden die *Sachverhalte* entsprechen, die ja als Begriffsgefüge aufgefaßt werden können. Hingegen scheint es mir wiederum problematisch, für das Radicem auf seiten der Dinge, im Bereich des Seienden, eine Parallele zu finden.

2.3 Arten der Bedeutung

Im Vorangehenden wurde schon wiederholt unterschieden zwischen Zeichen bzw. Worten und dem, was diese Zeichen bedeuten. Nun gibt es aber eine ganze Reihe von Arten der Bedeutung, deren Unterscheidung oft nicht klar ist. Die wichtigsten Arten von Bedeutung sollen deshalb im folgenden aufgezählt und knapp erläutert werden. Das soll in den ersten 4 Schritten durch Dichotomien geschehen. Bedeutungen können sein:

2.31 sinnlos — sinnvoll.

Eine „sinnlose Bedeutung“ stellt einen Grenzfall dar, den Fall, daß ein Zeichen eben keine Bedeutung hat. Man könnte auch die Variablen mit einem gewissen Recht Zeichen ohne Bedeutung nennen, da ihnen ja keine bestimmte Bedeutung zukommt; sie zeigen vielmehr nur eine Leerstelle, ein Loch an, in das ein Zeichen mit fester Bedeutung eingesetzt werden kann. (Vgl. die beiden Abschnitte nach 1.2133.)

Sinnvolle Bedeutungen können sein:

2.32 subjektiv — objektiv.

Eine subjektive Bedeutung hat nur für ein bestimmtes Subjekt, z. B. aufgrund eines ganz persönlichen Erlebnisses, eine bestimmte Bedeutung. Für jeden anderen ist das Zeichen sinnlos oder hat eine andere, triviale Bedeutung. So bedeutet z. B. eine blonde Locke in einem Gedichtband für den Besitzer des Buches, der sie dort deponiert hat, die Erinnerung an ein ganz bestimmtes Ereignis; für jemand anders ist es eine sinnlose Bedeutung. Ein bestimmtes Datum bedeutet für ein bestimmtes Subjekt die Erinnerung an eine für es bedeutsame erste Begegnung; für jeden anderen ist damit eben nur das betreffende Datum gemeint. Objektiv sind Bedeutungen von Zeichen, deren sachlicher Gehalt durch sich verständlich ist, Bedeutungen, die nicht nur für *ein* Subjekt aufgrund individueller, ganz persönlicher Zuordnung gegeben sind.

Objektive Bedeutungen können sein:

2.33 nicht mitteilbar — mitteilbar.

Objektive Bedeutungen sind keineswegs immer sprachlich mitteilbar: es kann sich um ganz neue wissenschaftliche Einsichten handeln, für die noch keine entsprechende Terminologie zur Verfügung steht. Oder es kann sich um Bedeutungen handeln, für die das vorhandene sprachliche Netz zu grobmaschig ist: „Die Sprache ist ein edel Ding — doch hat sie ihre Schranken: ich glaube, es fehlt noch immer am Wort für die tiefsten und feinsten Gedanken.“ Insbesondere fehlt es oft für Gefühle, obwohl ihnen objektive Bedeutung zukommt, an entsprechender Mitteilbarkeit: „Ich weiß nicht, was soll es bedeuten, daß ich so traurig bin . . .“ Wieweit Musik, ein Lächeln, ein Gestus adäquate Mittel der Mitteilung sind, ist problematisch. In der Folge sollen nur mitteilbare Bedeutungen weiter untersucht werden, wobei zudem Mitteilbarkeit auf graphische und akustische Zeichen- (Wort-) Systeme eingeschränkt ist. Dann kann die Bedeutung sein:

2.34 synkategorematisch — kategorematisch.

2.341 Synkategorematische oder unvollständige oder unselbständige Bedeutung hat ein Ausdruck, der auf einen anderen Ausdruck bezogen ist, erst im Zusammenhang mit einem anderen Ausdruck voll verstanden werden kann. So ist z. B. der Ausdruck „von 10—12“, schwarz auf einem weißen, rechteckigen Schild, als Verkehrszeichen erst dann voll verständlich, wenn er z. B. unter einem Zeichen für Halteverbot steht; er hat also synkategorematische Bedeutung. Typische Synkategoremata sind auch Satzzeichen wie Punkt, Rufzeichen, Fragezeichen: ihnen kommt keine selbständige Bedeutung zu; erst am Ende eines Satzes geben sie diesem die Bedeutung einer Aussage, eines Imperativs, einer Frage. Logisch betrachtet treten Synkategoremata meist als *Funktoren* auf, d. h. als Ausdrücke, die andere Ausdrücke (ihre Argumente) näher bestimmen oder erläutern, zueinander in Beziehung setzen. Ontologisch betrachtet, stellen Synkategoremata meist Akzidenzien dar: sie bestehen nicht für sich, sondern können nur an einem anderen, als ihrem Träger gewissermaßen, bestehen. Grammatisch betrachtet, treten Synkategoremata hauptsächlich in sechs Formen auf:

2.3411 Die Kopula „ist" oder „sind" hat für sich allein nur eine unvollständige Bedeutung. Zusammen mit zwei Ausdrücken *A* und *B*, die Individuen oder Universalien bedeuten, ergibt sich in der deutschen Sprache in der Form „*A* ist *B*" eine Aussage, in der Form „Ist *A B*" eine Frage.

2.3412 Ein Verbum in der Form mit Personalendung, z. B. „schläft" oder „gibt", hat eine unvollständige Bedeutung. Zusammen mit einem Ausdruck für ein Subjekt oder zusammen mit einem Ausdruck für ein Subjekt und weiteren Ausdrücken für Objekte, lokale, temporale, modale Bestimmungen u. a. m. ergibt sich ein Ausdruck für einen Sachverhalt, der z. B. die Bedeutung einer Aussage hat: „Herr Piepenbrink schläft." „Der Gefangene gibt dem Bewacher ein Goldstück im Wartezimmer vor Ankunft des Arztes zur Bestechung, doch vergeblich."

2.3413 Ein dekliniertes Adjektiv oder der bestimmte oder der unbestimmte Artikel haben für sich keine vollständige Bedeutung, wie z. B. „blaue". Zusammen mit einem Substantiv können solche Ausdrücke eine vollständige Bedeutung ergeben, z. B. „blaue Blume".

2.3414 Die Konjunktionen, wie z. B. „oder", sind Synkategoremata; verbinden sie z. B. zwei Aussagen, so ergibt sich wiederum die Bedeutung einer Aussage, z. B. „Der Feldberg liegt im Taunus, oder der Feldberg liegt im Schwarzwald."

2.3415 Die Präpositionen, wie z. B. „an, auf, hinter, neben, in ...", sind Synkategoremata; zusammen mit einem Substantiv ergeben sie wiederum Ausdrücke mit synkategorematischer Bedeutung, die dann als lokale oder temporale oder als kausale u. a. Bestimmungen neben Subjekt, Objekten und Kopula bzw. Verbum Bestandteile von Ausdrücken für Sachverhalte sein können, beispielsweise „an Neujahr", „im Kölner Dom", „wegen der Kälte".

2.3416 Adverbien sind Synkategoremata, die in Verbindung mit synkategorematisch fungierenden Verben (vgl. 2.3412) oder synkategorematisch stehenden Adjektiven (2.3413) wiederum Ausdrücke mit synkategorematischer Bedeutung ergeben, z. B. ergibt so „schnell“: „läuft schnell“ bzw. „sehr“: „sehr durstiger“.

2.342 Kategorematische oder vollständige oder selbständige Bedeutung hat ein Ausdruck, der auch ohne Bezug auf einen anderen Ausdruck voll verstanden werden kann, unbeschadet dessen, daß er einer weiteren Erläuterung oder Spezifizierung fähig ist. Logisch betrachtet, fungieren Ausdrücke mit kategorematischer Bedeutung meist als Argumente, doch können sie gelegentlich auch bei attributivem Gebrauch als Funktoren auftreten. So hat z. B. „Theaterdirektor“ kategorematische Bedeutung und kann als Argument benutzt werden, etwa in dem kategorematischen Ausdruck „der neue Theaterdirektor“; als Funktor dagegen wird dies Wort benutzt in dem kategorematischen Ausdruck „der Theaterdirektor Goethe“. Der kategorematische Ausdruck „Theaterdirekor“ ist seinerseits zusammengesetzt aus dem Funktor „Theater“ und dem Argument „Direktor“, die je für sich kategorematische Bedeutung haben. Ontologisch betrachtet, stellen Kategoremata Substanzen oder Ereignisse dar, mögliche Träger von Eigenschafen. Grammatisch betrachet, sind sie Substantiv, Personalpronomen, substantivierte Adjektive im Plural, z. B. „die Roten“, oder Sätze. Kategorematische Bedeutungen zerfallen in drei Arten:

2.3421 Individuen oder Einzelgegenstände können zwar ihrerseits aus Einzelteilen zusammengesetzt sein, doch sie werden als ein Ganzes betrachtet, als eine Einheit, die von anderen Dingen unterschieden wird, und bei der zunächst die Einmaligkeit interessiert und nicht evtl. Übereinstimmungen mit anderen Gegenständen. Beispiele: „Napoleon I.“, „der Kölner Dom“, „dies Stück weiße Kreide“. Ontologisch betrachtet, hat das Individuum ὑπόστασις oder Subsistenz, Fürsichsein. Das kommt zwar besonders deutlich zum Ausdruck bei der natürlichen Person, doch soll sich die Bedeutung von Individuen nicht auf Personen beschränken. Logisch betrachtet, kann das Individuum auf zweifache Weise bezeichnet werden:

2.34211 Individuen können durch *Deskriptionen* oder *Kennzeichnungen* gegeben sein, z. B. „die Hauptstadt Frankreichs“ oder „der gegenwärtige Präsident der Vereinigten Staaten von Amerika“. Als Formel: $\cap\ x\ f(x)$, nach den ›Principia Mathematica‹ $\iota\ \varphi\ (x)$, d. h. „dasjenige x, für das gilt f von x bzw. φ von x“.

Eine solche Kennzeichnung setzt für sinnvollen Gebrauch voraus, daß es einen so gekennzeichneten Gegenstand x gibt, und daß es genau ein solches *x* gibt. In bezug auf menschliche Personen geschah eine Kennzeichnung meist durch eine Beschreibung, die nur so genau sein mußte, daß sie hinreichend war zur Unterscheidung von anderen Personen, z. B. der betreffenden Dorfgemeinschaft. Dazu genügte meist schon *eine* besondere Eigenschaft, z. B. bezüglich der Körpergröße („lang") oder der Haarfarbe („schwarz") oder des Berufes („Müller") oder der Herkunft („Hesse") oder der Abstammung („Karlsohn"). Durch eine Beschreibung wird man mit einem bisher noch nicht vertrauten Individuum bekannt.

2.34212 Ist einem ein Individuum schon bekannt, so genügt es, seinen *Namen* zu nennen, um es von anderen zu unterscheiden. Wie gerade erwähnt, sind viele Namen aus charakteristischen Eigenschaften hervorgegangen. In der Logik ist es weit verbreitet, als Namen für Individuen die ersten kleinen Buchstaben des Alphabets zu nehmen, also: *a*, *b*, *c*, *d*; bei entsprechendem Bedarf kann man Indizes hinzunehmen, also a_0, a_1, a_2 . . . a_n. Als Variable für Individuennamen nimmt man die letzten kleinen Buchstaben des Alphabets, also *x*, *y*, *z*, evtl. auch noch *u*, *v*, *w* oder x_0, x_1 . . . x_n.

2.3422 Kategorematische Bedeutung haben zweitens Universalien, auch Klassen oder Mengen genannt. Auch die Bezeichnungen „Begriff" oder „Vorstellung" entsprechen dem in etwa. Gemeint sind „Allgemeingegenstände", das, was im Unterschied zum individuellen Einzelgegenstand das ist, was mehreren Einzelgegenständen ähnlicher Beschaffenheit in gleicher Weise zukommt. Das Universale „Tisch" ist das, was verschiedenen einzelnen Tischen, seien diese nun rund oder quadratisch oder rechteckig, mögen sie ein, drei oder vier Tischbeine haben, mögen sie aus Holz, Metall oder Stein sein, gemeinsam ist, also z. B. „ein Möbelstück zu sein, das dazu dient, etwas darauf zu legen, zu stellen oder zu setzen, insbesondere auch Speisen und Getränke". In der Ontologie ist immer wieder die Streitfrage diskutiert worden, ob das Universale primär sei: „Universale ante rem" (Realismus, Platonismus) oder ob das Individuum primär sei und das Universale lediglich durch Sprache oder Denken erzeugt werde: „universale post rem" (Nominalismus). Die These „universale in re" erkennt beiden ein Sein zu, unabhängig vom denkenden Subjekt, und wurde u. a. vertreten von Aristoteles, Thomas von Aquin und dem kritischen Realismus unseres Jahrhunderts. Eine genauere ontologische Analyse ist hier weder möglich noch nötig: es mag der Hinweis genügen, daß die Benutzung der Sprache, so wie sie erfolgt, sowohl das Gegebensein von Lalemen (z. B. von individuellen Akustemen als Wortereignis) wie von Logemen als Wortgestalten voraussetzt. Letztere aber sind Universalien.

2.3423 Schließlich haben als drittes auch Sachverhalte kategorematische Bedeutung. Ontologisch betrachtet sind Sachverhalte Gefüge, in die Individuen oder Universalien, verbunden durch entsprechende Beziehungen, eingehen. Relativ einfach ist diese Beziehung, wenn sie durch die Kopula gestiftet wird. Einen *bestehenden* Sachverhalt nennt Ludwig Wittgenstein eine *Tatsache*. Zum Sachverhalt kann das denkende Subjekt nun verschieden Stellung beziehen, und dadurch ergeben sich hier mindestens fünf Arten von Bedeutungen:

2.34231 *Fragen* lassen das Bestehen des Sachverhaltes als solchen offen (Entscheidungsfragen) oder lassen einen Teilausdruck im Sachverhalt offen (Bestimmungsfragen) und heischen zugleich, diese Offenheit durch eine entsprechende Antwort wieder abzuschließen. Entscheidungsfragen werden durch entsprechende Wortstellung angedeutet (in manchen Sprachen auch durch besondere Frage-Partikel) oder Umschreibungen, wie „Ist es wahr, daß . . .?“. Für Bestimmungsfragen gibt es Frageworte wie: wer, was, wem, wen, wann, wo, wie, wodurch, weshalb usf. Es gibt schon eine Reihe von Untersuchungen zur Logik und zur Methodologie der Frage; doch sind die Ansätze noch nicht so weit gediehen, daß hier verbindliche Ergebnisse geboten werden können.

2.34232 Bei *Annahmen*, Vermutungen, Hypothesen wird das Bestehen von Sachverhalten unterstellt, jedoch zugleich eine gewisse Unsicherheit über das Bestehen des Sachverhaltes eingeräumt. Das ist insbesondere dann der Fall, wenn das Bestehen eines Sachverhaltes an Bedingungen geknüpft ist und offenbleibt, ob diese Bedingungen erfüllt sind. Wissenschaftliche Erkenntnis vollzieht sich oft so, daß zur Erklärung eines Sachverhaltes der Reihe nach verschiedene Annahmen gemacht werden, um diese dann zu bestätigen oder zu widerlegen.

2.34233 *Aussagen* konstatieren das Bestehen eines Sachverhaltes. Sie heißen wahr, wenn ihr sprachlicher Ausdruck mit dem intendierten Sachverhalt übereinstimmt. Wenn sie nicht wahr sind, heißen sie falsch (jedenfalls in einem vollständigen System der klassischen Aussagenlogik). Von der Aussage zu unterscheiden ist die Aussageform, ein Ausdruck mit einer Variablen, der erst durch entsprechende Einsetzung von Konstanten zur Aussage wird. Bei einer elliptischen Aussage fehlen notwendige Bestandteile, z. B. Angaben über Ort, Zeit, Maß. Eine solche elliptische Aussage (z. B. „Es regnet.“) ist keine Aussage, sie wird erst durch entsprechende Ergänzung zu einer Aussage, z. B. „Es regnet am Orte A_1 zur Zeit t_1“. (Für Zweifelsfälle müßte noch festgelegt werden, daß „regnen“ einen flüssigen Niederschlag von mindestens *n* Hundertstel

Millimeter in 5 Minuten besagen soll.) Eine als wahr behauptete Aussage ist ein Urteil. Die Feststellung der Wahrheit einer Aussage heißt ihre Verifizierung, die Feststellung ihrer Falschheit ihre Falsifizierung.

2.34234 *Imperative* sagen nicht, was ist, sondern was geschehen soll. Dazu gehören allgemeine Normen (ethische, religiöse, juristische, konventionelle Gesetze, Gebote; Vereinbarungen); individuelle Aufträge oder Befehle, Handlungsanweisungen; adressierte (an bestimmte Personen gerichtete) und nichtadressierte Wünsche. Imperative können befolgt, erfüllt werden, doch die Wirkung kann auch ausbleiben. So unterscheiden sie sich von der nächsten Art der Bedeutung:

2.34235 Ein *Performativ* ist eine sprachliche Äußerung, die durch die Nennung eines Sachverhaltes (durch Vollzug eines Sprechaktes) eine als solche beabsichtigte Wirkung zur Folge hat. Z. B.: Durch die Äußerung eines Versprechens verpflichte ich mich zu einer Leistung. Durch die Verkündung eines Urteilsspruches durch den Richter treten bestimmte juristische Folgen ein. Durch die Abgabe einer bestimmten Erklärung vor einer zuständigen Autorität kommt eine Ehe zustande. Auch bei Taufe und Vereidigung, bei der Unterschrift unter Urkunden über beschlossene Gesetze oder Beamtenernennungen, Approbationen oder Doktordiplomen handelt es sich um Performative.

2.4 *Arten der Mehrdeutigkeit*

Die Beziehungen zwischen Zeichen und Bezeichnetem, zwischen Wort und Bedeutung sind leider nicht immer eindeutig. Und auch Mehrdeutigkeit ist nicht eindeutig: es gibt verschiedene Arten und Ursprünge der Mehrdeutigkeit, über die nun einiges zu sagen ist.

2.41 Ein- und mehrdeutige Beziehungen.

2.411 $\hat{R}.\ \{\text{Voreind}\}\ (R) =df\ \hat{R}\colon \forall xyz.\ xRz \wedge yRz \rightarrow x \equiv y.$

Der Bereich aller voreindeutigen Relationen R läßt sich definieren als der Bereich aller Relationen R, bei denen für alle x, alle y und alle z gilt, wenn xRz besteht und yRz, dann ist x identisch mit y. Statt „voreindeutig“ sagt man auch „einmehrdeutig“. In einer voreindeutigen Relation R kann es zu einem bestimmten Hinterglied z von R jeweils nur genau ein Vorderglied x geben, so daß xRz besteht. Beispiele: Die Relation „ist leibliche Mutter von“ ist voreindeutig, denn eine bestimmte Person kann nur genau eine leibliche Mutter haben, obwohl eine Mutter mehrere Kinder haben kann. Die Relation „ist Quadratzahl von“ ist voreindeutig, denn eine bestimmte Zahl hat nur eine

Quadratzahl, obwohl zwei verschiedene Zahlen (z. B. plus 2 und minus 2) dasselbe Quadrat haben können.

2.412 $\hat{R}.\ \{\text{Nacheind}\}\ (R) =_{df} \hat{R}\colon \forall xyz.\ xRy \wedge xRz \rightarrow y \equiv z.$

Der Bereich der nacheindeutigen Relationen läßt sich definieren als der Bereich aller Relationen *R*, bei denen für alle *x*, für alle *y* und für alle *z* gilt, wenn *xRy* besteht und *xRz*, dann sind *y* und *z* identisch. Statt „nacheindeutig" sagt man auch „mehreindeutig". In einer nacheindeutigen Relation *R* kann es zu einem bestimmten Vorderglied *x* jeweils nur genau ein Hinterglied *y* geben, so daß *xRy* besteht. Beispiele: „ist geboren am" ist eine nacheindeutige Relation, da eine bestimmte Person nur ein amtliches Geburtsdatum haben kann, doch können umgekehrt an einem bestimmten Datum sehr viele Personen geboren sein. Die Relation „ist Bundesminister für" ist nacheindeutig, da ein bestimmtes Ressort nur von einem Bundesminister jeweils geführt werden kann, obwohl zeitweise ein Mann auch einmal zwei Ministerien verwalten kann.

2.413 $\hat{R}.\ \{\text{Eineind}\}\ (R) =_{df} \hat{R}.\ \{\text{voreind}\}\ (R) \cap \hat{R}.\ \{\text{nacheind}\}\ (R).$

Der Bereich der eineindeutigen Relationen *R* läßt sich definieren als die Durchschnittsmenge der voreindeutigen Relationen *R* und der nacheindeutigen Relationen *R*. In einer eineindeutigen Relation *R* kann es zu jedem Vorgänger *x* der Relation *R* nur einen Nachfolger *y* von *R* geben, so daß *xRy* gilt und umgekehrt. Beispiele: Die Relation „ist gegenwärtig verheiratet mit" ist in westlichen Staaten eineindeutig, da zu einem gegebenen Zeitpunkt ein Mann nur mit einer Frau rechtsgültig verheiratet sein kann und umgekehrt. Die Relation „ist Fingerabdruck von" ist aufgrund umfassender empirischer Untersuchungen eineindeutig, da eine gegebene Person stets die gleiche Gestalt der Fingerabdrücke hat und eine bestimmte Gestalt von Fingerabdrücken stets zu ein und derselben Person gehört.

2.414 Ist die Beziehung zwischen Zeichen (Wort) und Bezeichnetem eineindeutig, so nennt man das Zeichen (Wort) univok.

2.415 Ist die Beziehung zwischen Zeichen (Wort) und Bezeichnetem nicht eineindeutig, so nennt man das Zeichen (Wort) äquivok. Die Auffassung, es könne noch etwas Mittleres zwischen Univozität und Äquivozität geben, und zwar die Analogie, ist nicht haltbar, da unvereinbar mit dem Nicht-Widerspruchs-Prinzip. Analogie ist vielmehr ein besonderer Fall von Äquivozität (vgl. 2.5).

2.416 Ist die Beziehung zwischen Zeichen (Wort) und Bezeichnetem nacheindeutig, so heißen solche Worte synonym. Beispiele: Schlips und Krawatte, Ulme und Rüster, Spatz und Sperling, Schreiner und Tischler, Metzger und Fleischer und Schlachter, Klempner und Spengler,

Samstag und Sonnabend, Rotkohl und Blaukraut, Brötchen und Rundstück und Schrippe und Semmel. Zwei oder noch mehr Worte meinen jeweils den gleichen Bedeutungsgehalt.

2.417 Ist die Beziehung zwischen Zeichen (Wort) und Bezeichnetem voreindeutig, so nennt man solche Worte homonym. Beispiele: Das eine Wort „Reis“ kann einen Zweig oder ein Nährmittel meinen. Das eine Wort „Bank“ kann ein Sitzmöbel oder ein Geldinstitut meinen. Das eine Wort „Messe“ kann einen katholischen Gottesdienst oder eine Waren-Ausstellung oder einen Speiseraum bei der Marine meinen.

2.42 Weitere Quellen der Mehrdeutigkeit.

Nun ist das Verhältnis von Zeichen zu Bezeichnetem zwar schon Quelle der Mehrdeutigkeit, doch dies Verhältnis ist wesentlich komplexer, als es zunächst scheint; es erschöpft sich nicht darin, eine zweistellige Relation zu sein, wie im Abschnitt 2.41 vorausgesetzt. Eine erste Komplikation ergibt sich dadurch, daß beim Gebrauch der Sprache das vom Wort Bezeichnete und das vom Benutzer des Wortes Gemeinte nicht immer übereinstimmen:

2.421 Wort — Bezeichnetes — Gemeintes.

Die Beziehungen zwischen Wort und Bezeichnetem wurden als Quelle der Mehrdeutigkeit in 2.41 dargelegt. Für das Verhältnis von Bezeichnetem zu Gemeintem gelten ähnliche Möglichkeiten. Daß beides gelegentlich nicht übereinstimmt, soll durch einige Beispiele erläutert werden: „Wir saßen abends gemütlich in der Jagdhütte beisammen, tranken einen guten Tropfen, erzählten von vergangenen Zeiten. Da poltert es plötzlich gegen die Tür, sie springt auf, herein wankt ...“ Da wird eine Geschichte aus der Vergangenheit erzählt. Die ersten drei Verben stehen im Imperfekt; sie bezeichnen die Vergangenheit und meinen sie auch. Die folgenden drei Verben dagegen stehen im Präsens — doch sie meinen natürlich weiter die Vergangenheit. Die Grammatiker nennen das „praesens historicum“: bei einer lebhaften Schilderung wird die *gemeinte* Vergangenheit durch ein Präsens *bezeichnet*.

Da kommt eine Familie aus dem Urlaub heim, findet in der Wohnung Türen und Schränke aufgebrochen vor, den Inhalt von Schubladen und Schränken auf dem Fußboden verstreut, alle Gegenstände von besonderem Wert fehlen, und der Hausherr sagt: „Das ist ja eine schöne Bescherung!“ Eine „Bescherung“ ist eine Darbietung von Geschenken, z. B. zu Weihnachten. Sie ist „schön“, wenn die Geschenke willkommen sind, Freude machen. Bezeichnet wird also durch die Reaktion des Hausherrn ein freudiges Ereignis, gemeint ist aber eine äußerst unangenehme, böse Überraschung!

Koseworte, wie z. B. „Schelm“ (ursprünglich „Verbrecher“), ironische

Redensarten, wie z. B. „sauberes Kleeblatt“, sprichwörtliche Redensarten usf. meinen sehr oft etwas anderes, als sie eigentlich bezeichnen. Man darf also manches „nicht so wörtlich nehmen“, muß es „im Zusammenhang verstehen“ und kann es deshalb auch mißverstehen.

In diesem Zusammenhang muß auch erwähnt werden, daß für die wissenschaftliche Beurteilung von Darlegungen verschiedene Maßstäbe anzulegen sind je nach der „literarischen Gattung“: In einer interdisziplinär verständlichen Antrittsvorlesung kann man keine detaillierten Begründungen erwarten. Und ebensowenig in der holzschnittartigen Skizze von Problemen in der Einleitung eines Buches. Eine elementare Einleitung in ein Gebiet (wie z. B. dieses Buch) will keine Information über die historische Herkunft und Entwicklung noch eine Diskussion kontroverser Perspektiven oder eine Würdigung der Tragweite von Standpunkten bieten, sondern lediglich über grundlegende Aspekte des Gebietes informieren.

2.422 Akustem — Graphem — Bezeichnetes.

Worte treten als Akustem und Graphem auf, doch ist auch hier keineswegs immer die Beziehung eineindeutig. Beispiele für Einmehrdeutigkeit:

LEIB — Leib/Laib;
FIEL — fiel/viel;
MOR — Moor/Mohr;

Beispiele für Mehreindeutigkeit:

Paris/Paris — Paris;
Rentir/Rentjeh — Rentier;
übersetzen/übersetzen — übersetzen.

2.423 Wort — engerer/weiterer Begriff.

Das gleiche Logem steht einmal für einen Begriff im engeren Sinne, das andere Mal für diesen Begriff im weiteren Sinne. Dabei können beide im historischen Sinne der ursprüngliche Begriff gewesen sein, da sich die Bedeutung eines Begriffes im Laufe der Zeit sowohl einengen wie erweitern kann.

„Philosophie“ hieß ursprünglich jede theoretische Wissenschaft (im Gegensatz zu den berufsbezogenen Wissenschaften Theologie, Jurisprudenz, Medizin): so wird es verstanden in „philosophischer Fakultät“, „Doktor der Philosophie“ (den man auch für Kunstgeschichte oder Afrikanistik erhalten kann). In den letzten anderthalb Jahrhunderten engte sich die Bedeutung von „Philosophie“ dann immer mehr ein auf das, was Rehmke „Grundwissenschaft“ nannte.

Umgekehrt meinte „Sprache“ ursprünglich nur die gesprochene Sprache, erweiterte seine Bedeutung dann immer mehr auf jede Art von

Zeichensystem, so daß heute auch Bezeichnungen üblich sind wie „Briefmarken-Sprache", „Sprache der Verkehrsampel".

Neben der Unterscheidung von engerem und weiterem Wortgebrauch ist wichtig die Unterscheidung von

2.424 gewöhnlichem — fachspezifischem Wortgebrauch:

Worte der Alltagssprache können in die Wissenschaftssprache übernommen werden, erhalten dort jedoch eine andere, für die jeweilige Wissenschaft spezifische Bedeutung: „Kraft" erhält eine spezifische Bedeutung in der Physik, „Körper" erhält eine spezifische Bedeutung in der Algebra, „Lauge" erhält eine spezifische Bedeutung in der Chemie, „Leihe" erhält eine spezifische Bedeutung im Recht, „Durchschnitt" erhält eine spezifische Bedeutung in der Logik usf.

Eine solche „Übertragung" der Bedeutung liegt auch bei der Analogie vor, deren Struktur wir im Anschluß an Joseph Bocheński genauer untersuchen wollen:

2.43 Analogie.

Wie schon erwähnt, wurde Analogie oft als eine dritte Möglichkeit betrachtet, die zwischen Univozität und Äquivozität liege. Das Paradebeispiel war etwa „Fuß": Der „Fuß des Menschen" sei zwar etwas anderes als der „Fuß des Berges" oder „Fuß des Tisches", doch nicht etwas völlig anderes, denn der Tischfuß verhalte sich ja zum Tisch wie der Fuß zum ganzen Menschen.

Während wir bisher nur zwischen Zeichen und Bezeichnetem unterschieden haben, ergibt eine genauere Analyse, daß sich die Bedeutung B als eine vierstellige Relation ergibt: „Der Name a meint in der Sprache l den Gehalt g eines Dinges x", formalisiert:

2.431 $$B\,(a, l, g, x).$$

Unter „Name" wird hier ein geschriebenes Wort oder Zeichen für ein Individuum verstanden; das hat zur Konsequenz, daß wir bei zwei Namen, selbst wenn sie genau die gleiche graphische Form haben, noch nicht von demselben, identischen Zeichen sprechen dürfen, sondern z. B. y und y sind *zwei*, allerdings gleichgestaltete Zeichen, zwei Grapheme (vgl. 2.212).

Jede Bedeutungsrelation bezieht sich auf eine bestimmte Sprache, denn der gleiche Name kann in zwei verschiedenen Sprachen unter Umständen ganz verschiedene Bedeutungen haben oder in der einen sinnvoll, in der anderen sinnlos sein. Z. B. bezeichnet „das" im Deutschen den Artikel Singular Neutrum oder das entsprechende Relativpronomen, im Lateinischen dagegen „du gibst"; „rot" bezeichnet im Deutschen eine Farbe, im Englischen „Fäulnis" oder „faulen", „verderben"; „Schmerz" ist im Deutschen ein sinnvoller Name, im Französischen u. a. sinnlos. Deshalb muß die Sprache in der Bedeutungsrelation angegeben werden.

Unter dem Gehalt verstehen wir die gemeinte Vorstellung, sei es eine Beschaffenheit an einem Ding oder ein Ding unter einem bestimmten Aspekt. So kann z. B. an einem Gegenstand die Form interessieren: wir sagen, er sei „rechteckig“, es kann das Material interessieren: wir sagen, er sei „aus Holz“; es kann der Preis interessieren: wir sagen, er sei „300,— DM wert“; es kann die Farbe interessieren: wir sagen, er sei „schwarz“; es kann der Zweck interessieren: wir sagen, er sei „eine Tafel“.

x bezeichnet das Ding (im allgemeinsten Sinne des Wortes, etwa gleich « quelque chose »), an dem sich der gemeinte Gehalt findet. So kann sich der Gehalt „rot“ an einer Tomate, einer Fahne oder einer Verkehrsampel finden. Es ist nun wichtig zu bemerken, daß Analogie eine Beschaffenheit von Namen ist, und zwar nicht die Eigenschaft *eines* Namens, sondern die Relation *zweier*, wenn auch gleichgestaltiger Namen. Aus zwei Bedeutungsrelationen $B\ (a, l, f, x)$ und $B\ (b, k, g, y)$ können wir durch Zusammenfassung eine neue Relation bilden:

2.432 $$R\ (a, b, l, k, f, g, x, y).$$

Zur Vereinfachung wollen wir festsetzen, daß wir uns ferner stets nur in einer Sprache bewegen, daß also $l = k$. Dann fallen l und k also zusammen, und wir können statt der achtstelligen Relation R die folgende siebenstellige Relation S schreiben:

2.433 $$S\ (a, b, l, f, g, x, y).$$

Der Fall $a = b$, $f = g$, $x \neq y$ für die Relation S stellt die Relation der Univozität dar. Z. B. die beiden gleichgestalteten Namen „zweifüßig“ und „zweifüßig“ meinen in der deutschen Sprache denselben Sinngehalt, nämlich zwei Füße zu haben, wobei die Träger eines solchen Sachverhaltes nicht identisch zu sein brauchen (z. B. sind Huhn und Adler beide zweifüßig).

Der Fall $a = b$, $f \neq g$, $x \neq y$ für die Relation S stellt die Relation der Äquivozität dar. Z. B. die beiden Namen „Wagen“ und „Wagen“ stellen in der deutschen Sprache zwei ganz verschiedene Gehalte dar, nämlich einmal soviel wie „etwas riskieren“, zum anderen soviel wie „ein Landfahrzeug“. Die Träger dieser beiden Sinngehalte sind dabei ebenfalls nicht identisch. Theoretisch sind noch zwei weitere Fälle denkbar, die sich bei gleichem Namen aus Identität und Nicht-Identität der Gehalte und Dinge konstruieren lassen, doch sie sind praktisch ohne Interesse.

Aufgrund des Nicht-Widerspruchsprinzips gilt, daß eine Relation nicht zugleich identisch und nichtidentisch sein kann:

2.434 $$\vdash . \overline{f = g \wedge f \neq g}.$$

Das Prinzip vom ausgeschlossenen Dritten ergibt dazu:

2.435 $f = g \succ\!\!\!-\!\!\!\prec f \neq g.$

Das heißt aber, es gibt kein Mittelding zwischen Identität und Nicht-Identität. Es läßt sich unschwer zeigen, daß daraus folgt, daß es auch kein Mittelding zwischen Univozität und Äquivozität gibt und daß beide nicht zugleich für zwei Namen bestehen können. Und damit ist die landläufige Meinung von der Mittelstellung der Analogie widerlegt. Daß sie keine Univozität ist, ist offensichtlich, denn sie soll ja irgendeine Verschiedenheit der entsprechenden Gehalte besagen, während die Univozität völlige Gleichheit der Gehalte besagt — und das ist ja gerade nach dem Nicht-Widerspruchsprinzip nicht miteinander vereinbar. Dann muß die Analogie also Äquivozität sein, wenn auch ein bestimmter Spezialfall von Äquivozität. Diese besagt ja lediglich, daß bei zwei gleichgestalteten Namen die entsprechenden Sinngehalte in der Relation der Nicht-Identität stehen, und diese Nicht-Identität läßt eine Fülle von Möglichkeiten für zahlreiche Relationen offen. Bei der einfachen Äquivozität sind diese Möglichkeiten in keiner Weise begrenzt. Welche spezielle Relation oder welche Art von Relationen liegt nun vor, wenn wir zwei Namen analog nennen?

Zweckmäßigerweise wird das für die beiden Hauptarten der Analogie gesondert untersucht.

2.436 Bei der analogia proportionis handelt es sich darum, daß ein Name von einem ursprünglichen Sinngehalt auf einen anderen übertragen wird, z. B. ist „gesund" der Name für einen Normalzustand der menschlichen Körperfunktionen. Wir nennen aber nicht nur einen Menschen gesund, sondern z. B. auch eine Blutsenkung, weil die Gesundheit des Menschen im allgemeinen auch eine gesunde Blutsenkung verursacht (es bleibt dabei die Möglichkeit außer Betracht, daß es auch Krankheiten gibt, die die Blutsenkung nicht beeinflussen und daß auch bei Gesunden die Blutsenkung z. B. durch gewisse Medikamente beschleunigt werden kann). Umgekehrt nennen wir auch bestimmte Nahrungsmittel, z. B. die Milch, gesund, weil sie im allgemeinen die Gesundheit des Menschen fördern.

Nun ist die Analogierelation *An* symmetrisch, d. h.:

2.4361 $\vdash . \; x \, An \, y \leftrightarrow y \, An \, x,$

die Kausalrelation *K* dagegen ist asymmetrisch, d. h.:

2.4362 $\vdash . \; x \, K \, y \leftrightarrow \overline{y \, K \, x}.$

Wenn ich also die Proportionsanalogie *Apr* mit Hilfe der Äquivozität *Ae* definieren will, muß ich berücksichtigen, daß die Kausalitätsrelation *oder* ihre Konverse (d. h. die Umkehrung) dabei zwischen den Gehalten der gleichgestalteten Namen bestehen können:

2.4363 $Apr\,(a,b,l,g,f,x,y) =_{df} Ae\,(a,b,l,f,g,x,y) \wedge (g\,K\,f \vee f\,K\,g)$.

Auf eine weitere Analyse des Kausalitätsbegriffs mag in diesem Zusammenhang verzichtet werden; er kann hier ruhig im weitesten Sinne genommen werden.

2.437 Für die Proportionalitätsanalogie bieten sich zwei Lösungsmöglichkeiten. Die erste, die Alternativtheorie, basiert nach Joseph Bocheński auf dem Cajetanschen Analogiebegriff. Auf dieser Alternativtheorie beruht auch die Theorie des Analogieschlusses, die Klug in seiner juristischen Logik bietet. Der Grundgedanke besteht in der Annahme, daß einer der beiden Gehalte g bzw. f alternativ den anderen f bzw. g und einen dritten Gehalt h meint:

2.4371 $gx = fx \vee hx$ bzw. $fx = gx \vee hx$.

Faßt man nun die Gehalte g, f, h als Klassen auf, so ergibt sich g als die Vereinigungsklasse aus f und h und entsprechend f aus g und h:

2.4372 $g = f \cup h$ bzw. $f = g \cup h$.

Die Proportionalitätsanalogie Apl ließe sich dann definieren:

2.4373 $Apl\,(a, b, l, g, f, x, y) =_{df} Ae\,(a, b, l, g, f, x, y)$
$\wedge (\exists h(g = f \cup h \vee f = g \cup h))$.

Es läßt sich zeigen, daß der Syllogismus Barbara z. B. auch für solche analogen Mittelbegriffe gültig ist, da ja im Klassenkalkül die folgende Formel allgemeingültig ist:

2.4374 $S \subset g \wedge g \cup h \subset P \rightarrow S \subset P$.

Die Alternativtheorie ist nicht unproblematisch, da sie zwar bei analogem Mittelbegriff, nicht aber bei analogem Subjekts- oder Prädikatsterm Syllogismen zu ziehen gestattet, und da ihr eine gewisse Willkür anhaftet, da sich ein Sinngehalt h immer mehr oder weniger willkürlich zu zwei äquivoken Namen konstruieren läßt.

Deshalb gibt man statt der Alternativtheorie der Isomorphietheorie den Vorzug, für die sich schon bei Thomas von Aquin nach Joseph Bocheński Anklänge finden lassen.

2.438 Sie beruht auf dem Gedanken, daß zwischen dem Sinngehalt g und dem ihn tragenden Ding x eine Relation P besteht und desgleichen zwischen f und y die Relation Q. Diese beiden Relationen sollen zwar nicht identisch, wohl aber isomorph sein. Wird isomorph wie üblich Smor (von simili ordine) abgekürzt, so lautet die Definition dann:

2.4381 $Apl\,(a, b, l, g, f, x, y) =_{df} Ae\,(a, b, l, g, f, x, y)$
$\wedge \exists P \exists Q\,(fPx \wedge gQy \wedge P\,Smor\,Q)$.

Zwei Relationen R und S heißen isomorph, wenn es zu ihnen eine dritte Relation T gibt, die beide eineindeutig einander zuordnet. Die Relation T heißt in diesem Falle ein Isomorphiekorrelator.

Als Beispiel für auf Isomorphie beruhende Analogie diene das Folgende: Es sei in einer Familie, die aus 5 Kindern, Mann und Frau bestehe, der jeweils Ältere auch immer körperlich größer, und es sei der Fall ausgeschlossen, daß zwei Familienmitglieder gleich alt oder gleich groß seien. Ich kann dann diese Familie der Größe nach ordnen und vom Größten bis zum Kleinsten jedem Familienmitglied einen Index g_n zuordnen; ebenso kann ich die Familie dem Alter nach ordnen und jedem Glied einen Index a_n zuordnen. Die Relation, die dann dem Glied a_k das Glied g_k zuordnet, ist eineindeutig, da ja jedem a_n nur ein g_n entspricht und umgekehrt. Dann sind, auf diese Familie beschränkt, die Relationen „größer" und „älter" isomorph. Im Lateinischen werden nun „größer" und „älter" mit dem gleichen Namen „maior" bezeichnet. Dieser Name im Lateinischen ist also analog, und zwar besteht zwischen seinen beiden Sinngehalten größer und älter eine analogia proportionalitatis, wie sich durch Aufweis der Isomorphie zeigen läßt. Das hat zur Folge, daß all die strukturellen Eigenschaften, die für „älter" gelten, ohne weiteres auch für „größer" gelten, und umgekehrt. So ist z. B. die Relation „größer" asymmetrisch, transitiv, irreflexiv und demzufolge auch „älter".

In der Praxis geht man deswegen auch häufig umgekehrt vor: Man schließt aus der Übereinstimmung der strukturellen Eigenschaften von Relationen auf ihre Isomorphie. Doch ist in diesem Falle zu beachten, daß sich aus einer begrenzten Anzahl von übereinstimmenden strukturellen Eigenschaften streng logisch nur eine begrenzte Isomorphie, d. h. eine Isomorphie in bestimmter Hinsicht erschließen läßt, die so weit reicht, wie die logischen Konsequenzen der bereits bekannten strukturellen Eigenschaften. Weitergehende „Analogie"schlüsse stellen lediglich Vermutungen von einem gewissen Wahrscheinlichkeitswert dar (wie bei unvollständiger Induktion), die jedoch oft heuristischen Wert besitzen, indem sie den Weg zu exakten Überprüfungen weisen.

Durch die eineindeutige Zuordnung aller Terme beider Relationen ist dagegen eine vollständige Isomorphie garantiert. Die Terme beider Relationen brauchen dabei durchaus nicht, wie in dem obigen Beispiel, identisch zu sein, und es braucht sich auch nicht nur um eine endliche Anzahl zu handeln, wie das folgende Beispiel beweist, in dem als Terme die Elemente der unendlichen Menge der natürlichen Zahlen auftreten. Es bezeichne R dabei die Relation „Nachfolger" (d. h. die jeweils nächste, um eins größere natürliche Zahl), S die Relation „Nächste Paarzahl". Zwischen R und S läßt sich durch den Isomorphiekorrelator T, der bedeuten möge „ist doppelt so groß wie" eine eineindeutige Zuordnung herstellen.

2.4382 *R*

0, 1, 2, 3, 4, 5, 6, 7, 8, ...
T T T T T T T T
0, 2, 4, 6, 8, 10, 12, 14, 16, ...
S

Werden *R* und *S* etwa mit dem gemeinsamen Namen „Rechts von" bezeichnet, so ist dieser Name ein analoger. Daraus folgt, daß, da *R* irreflexiv und asymmetrisch ist, auch *S* die gleichen Eigenschaften besitzt.

Der Analogie kommt also nicht nur bei der Deutung umgangssprachlicher Ausdrücke, sondern auch für wissenschaftstheoretische Methoden ganz allgemein sehr große Bedeutung zu.

2.5 *Supposition*

Neben der Analogie ist es bei Substantiven vor allem die Verschiedenartigkeit der Supposition, die die Eindeutigkeit des Wortgebrauches stört, aber andererseits die Verwendbarkeit der Sprache wesentlich erweitert. Unter der Supposition eines Substantivs versteht man die jeweils verschiedene Art und Weise der Anwendung des Wortes. Das wird vielleicht durch die folgenden Beispiele erhellt, in denen das Wort „Mensch" jeweils in verschiedener Supposition steht:

a) Mensch ist einsilbig.
b) Mensch ist ein Artbegriff.
c) Der Mensch ist ein vernunftbegabtes Lebewesen.
d) Der Mensch ist blauäugig.
e) Die Menschen ergeben die Menschheit.
f) Der Mensch ist sterblich.
g) Der Mensch wurde am sechsten Schöpfungstage erschaffen.
h) Ein Mensch hat die Athener Akropolis zerstört.
i) Ein Mensch startet und landet das Flugzeug.
j) Der Mensch als solcher ist ein geselliges Wesen.

In all diesen 10 Fällen wird das Wort „Mensch" anders gebraucht, steht in anderer Supposition. Die wichtigsten Arten der Supposition sollen im folgenden erläutert werden, wobei die ersten Schritte durch Dichotomien erfolgen.

2.51 Materiale — formale Supposition

2.511 Die Supposition heißt material, wenn das Wort für sich selbst als Wort steht, wie z. B. in a) oder wenn man etwa sagt: „Katze hat fünf Buchstaben." Im Englischen sagt man, es handele sich um "mention the word". Man kennzeichnet ein Wort in materialer Supposition, um Verwechslungen zu vermeiden, durch Anführungszeichen. Dann verliert so mancher Satz seinen paradoxen Sinn: „‚Einsilbig' ist dreisilbig." Durch die Schreibweise mit Anführungszeichen wird klar, daß nicht die Eigenschaft einsilbig, sondern das Wort „einsilbig" gemeint ist. Da beim Sprechen die Anführungszeichen nicht mitgesprochen werden, klingt der gesprochene Satz paradox. Ähnlich: „Das ‚Adjektiv' ist ein Substantiv." Viele zeitraubende Diskussionen könnten erheblich abgekürzt werden, wenn zu Beginn geklärt würde, ob es sich um materiale oder formale Supposition handelt, d. h., ob es um die Worte, um die Bezeichnungsweise, um die Terminologie geht oder um die Sache, die damit gemeint ist.

2.512 Die Supposition heißt formal, wenn das Wort nicht für sich selbst steht, sondern wenn es etwas von ihm selbst Verschiedenes bezeichnet. Beispiele: „Mensch ist ein Lebewesen." „Die Katze ist ein Raubtier." Im Englischen sagt man: "use the word." Da die formale Supposition gewissermaßen dem normalen, üblichen Sprachgebrauch entspricht, wird sie nicht weiter gekennzeichnet. Sie gibt jedoch zu einer Fülle weiterer Unterscheidungen Anlaß:

2.52 logische — reale Supposition.

2.521 Logisch heißt die formale Supposition, wenn das Wort sich auf die Art des Begriffes der gemeinten Sache bezieht, wenn die systematische Stellung des Begriffes im Rahmen der Logik gemeint ist. Beispiele: b), ferner „Vernünftigkeit ist eine spezifische Differenz.", „Rothaarigkeit ist ein Akzidenz.", „Quantität ist eine Kategorie."

2.522 Real heißt die formale Supposition, wenn das Wort sich nicht auf die Position des Begriffes, sondern auf die gemeinte Sache bezieht. Beispiele finden sich unter 2.512; ferner: „Der Mensch ist frei.", „Ananas ist eine wohlschmeckende Frucht.", „Hamburg ist eine Hafenstadt." Die reale Supposition kann sein:

2.53 absolute — persönliche Supposition.

2.531 Absolut heißt die Supposition, wenn der allgemeine Begriff der Sache durch das Wort bezeichnet wird, die sog. Wesenheit, die Sache als solche. Beispiel: c), ferner: „Das Grün tut den Augen wohl.", „Anpassungsfähigkeit macht bei Mitmenschen beliebt.", „Alkohol hebt die Stimmung." Die absolute Supposition spielt in der Wissenschaft eine gewisse Rolle. In der Rechtswissenschaft z. B. werden über Tatbestände (die dann in absoluter Supposition stehen) Aussagen gemacht, ohne daß auf den Träger des Tatbestandes, die am Tatbestand beteiligten Personen, Bezug genommen wird, etwa: „Die Leihe ist unentgeltlich.", „Diebstahl wird mit Geld- oder Freiheitsstrafe bestraft."

2.532 Persönlich heißt die reale Supposition, wenn neben der gemeinten Sache im allgemeinen auch die einzelnen Träger der Sache, die Inhaber der entsprechenden Wesenheit mitgemeint sind. Beispiele: „Jeder Mensch ist ein vernunftbegabtes Lebewesen.", „Jede grüne Fläche tut den Augen wohl.", „Jeder Anpassungsfähige macht sich beliebt.", „Jedes alkoholische Getränk kann die Stimmung heben." Beim Übergang von der absoluten zur persönlichen Supposition im juristischen Bereich z. B. ist zu beachten, daß Eigentümlichkeiten, die bedingt sind durch die beteiligten Personen, mit ins Spiel kommen, z. B. Strafmilderungsgründe. Bei Namen für Individuen gilt immer, wenn sie in realer Supposition stehen, daß sie auch in persönlicher Supposition stehen. Die persönliche Supposition kann, abgesehen von Individuen, wiederum sein eine:

2.54 disjunktive — kopulative Supposition.

2.541 Die persönliche Supposition heißt disjunktiv oder partikulär, wenn nicht alle Träger der entsprechenden Wesenheit, nicht der ganze Umfang des Begriffes, nicht alle Individuen, die der entsprechenden Klasse angehören, gemeint sind, sondern nur ein Teil davon, mindestens einer. Manchmal wird das durch Zusätze wie „einige", „diese", „jene", „manche", „es gibt" usf. angedeutet — doch oft unterbleibt das auch. Und gerade weil das dem sprachlichen Ausdruck nicht immer anzusehen ist, besitzt das Wissen um mögliche Suppositionen solche Bedeutung, bewahrt es doch davor, unkritisch von vornherein nur eine Deutung eines Ausdruckes als selbstverständlich hinzunehmen. Beispiele: 2.504, ferner: „Das Auto hat Vorderradantrieb." „Einige Pilze sind eßbar.", „Der Hund schläft.", „Es gibt fliegende Säugetiere."

2.542 Die persönliche Supposition heißt kopulativ oder allgemein oder generell oder auch suppositio communis, wenn der ganze Umfang des Begriffes gemeint ist, alle Elemente der entsprechenden Klasse, alle Träger der entsprechenden Wesenheit. Beispiele: f), ferner: „Jedes Kraftfahrzeug, das am öffentlichen Verkehr teilnimmt, muß ein polizeiliches Kennzeichen führen.", „Quadrate sind Rechtecke.", „Das Mammut ist ausgestorben." Wie die Beispiele zeigen, kann die kopulative Supposition sprachlich auf etliche Weisen ausgedrückt werden: gar nicht, durch den bestimmten Artikel, durch „alle" oder „jeder" usf. Sie kann unterschieden werden in:

2.55 kollektive — distributive Supposition.

2.551 Kollektiv heißt die kopulative Supposition, wenn das Wort auf alle gemeinsam angewandt wird, aber nicht auch bereits von jedem einzelnen gilt. Beispiel: e), ferner: „Alle Apostel waren zwölf.", „Die

Bundesminister bilden die Bundesregierung.“ Um Verwechslungen zu vermeiden, sollte man sagen „alle . . . zusammen . . .“.

2.552 Distributiv heißt die kopulative Supposition, wenn alle in dem Sinne gemeint sind, daß auch jeder einzelne mitgemeint ist. Beispiele: f), ferner die unter 2.542 genannten Beispiele, ferner: „Säugetiere atmen durch Lungen.“, „Alle Personenkraftwagen müssen zwei Bremseinrichtungen haben.“ Die distributive Supposition läßt sich weiter unterscheiden:

2.56 inkomplete — komplete Supposition.

2.561 Die inkomplete oder unvollständige Supposition liegt vor, wenn die gemeinte Gesamtheit nicht numerisch alle Glieder umfaßt, sondern nur die Arten bzw. Repräsentanten aller Gruppen. Beispiel: g), ferner: „Alle Arbeitnehmer sitzen im Betriebsrat.“, „Alle Tiere waren in der Arche Noah.“, „Das Frankfurter Schopenhauer-Archiv besitzt alle Bücher über Schopenhauer.“

2.562 Komplett oder vollständig heißt die Supposition, wenn alle Elemente der entsprechenden Klasse bzw. alle Designate des entsprechenden Begriffes numerisch vollständig gemeint sind. Beispiel: f), ferner die Beispiele unter 2.542 und 2.552, ferner: „Alle ebenen Dreiecke haben eine Winkelsumme von zwei rechten.“, „Jeder König von Bayern war männlich.“ Die oben erwähnte disjunktive Supposition (2.541) unterscheidet sich in:

2.57 konfuse — diskrete Supposition.

2.571 Die disjunktive (partikuläre) Supposition ist konfus oder unbestimmt, wenn nicht feststeht, welches Glied der Gesamtheit (Element der Menge) gemeint ist, bzw. welcher Teil gemeint ist, und das nicht nur an unserem mangelnden Wissen liegt, sondern gar nicht festgelegt zu sein braucht. Beispiel: i), ferner: „Ein Kind könnte in den offenen Schacht stürzen.“, „Einige Samenkörner fielen auf den Weg und wurden zertreten.“

2.572 Die disjunktive (partikuläre) Supposition ist diskret oder bestimmt, wenn derjenige, der gemeint ist, bzw. der Teil, auf den das Wort zutrifft, zwar nicht genannt wird, im sprachlichen Ausdruck unbestimmt bleibt, wenn das aber an sich feststeht und die Unbestimmtheit nur auf momentanem Nichtwissen oder Nicht-sagen-Wollen beruht. Beispiel: h), ferner: „Einer meiner Gäste hat seinen Ring im Waschraum liegenlassen.“, „Einige preußische Könige starben ohne Sohn.“, „Viele bedeutende Philosophen blieben unverheiratet.“ Die persönliche Supposition (2.532) kann sein:

2.58 denominative — reduplikative Supposition.

2.581 Denominativ heißt die Supposition, wenn das Wort für den

Träger einer Beschaffenheit steht, die diesem nur akzidentell zukommt, die auch fehlen könnte, nur vorübergehend besteht, unwesentlich ist. Beispiel: d), ferner: „Der Hund hinkt.“, „Mancher Arbeitslose hat mehr Einkommen als ein beschäftigter Arbeiter.“, „Einige Studenten schlafen während der Vorlesung.“ Die denominative Supposition ist im allgemeinen disjunktiv.

2.582 Reduplikativ heißt die Supposition, wenn das Wort in seiner wesentlichen Bedeutung steht, wenn ihm die zugeordnete Beschaffenheit wesentlich zukommt, wenn das Ding als solches gemeint ist, wenn es gebraucht wird, insofern ihm gerade diese Eigenschaft zukommt. Beispiel: j), ferner: „Der Professor, insofern er Universitätsprofessor ist, ist zu Lehre und Forschung verpflichtet.“, „Das Raubtier tötet andere Tiere.“, „Der Raucher als Raucher ist besonders krebsgefährdet.“ Sprachlich wird die reduplikative Supposition verdeutlicht durch Worte wie „insofern“, „als solcher“ oder auch nur durch den bestimmten Artikel. Sie wird betont durch Wiederholung des Wortes, daher der Name reduplikativ.

Die Theorie der Supposition findet sich schon ausführlich in den ›Summulae Logicales‹ des Petrus Hispanus (1205—1277) und wurde in der Scholastik mannigfaltig variiert, dann aber in der Logik fast völlig wieder vergessen. Erst in der modernen Logik wurde sie wieder eingeführt durch die Unterscheidung von:

2.59 Objektsprache — Metasprache.

2.591 Bei der *Objektsprache* werden die Worte in formaler Supposition gebraucht, stehen also für Objekte, die etwas anderes sind als das Wort, durch das sie bezeichnet werden.

2.592 Bei der *Metasprache* stehen die Worte in materialer Supposition, da sie für Worte gebraucht werden, genauer: für die Worte der Objektsprache. Spricht man über die Ausdrucksmittel einer Sprache, so bewegt man sich in der Metasprache. Das ist klar, wenn man eine für Deutsche geschriebene Grammatik der lateinischen Sprache vor sich hat: da werden die grammatischen Regeln für die lateinische Sprache in deutscher Sprache formuliert. In einer deutschen Grammatik für Deutsche ist der Unterschied weniger klar, da es sich ja beide Male um „Deutsche Sprache“ handelt. Im Druck wird dann aber oft die Metasprache durch anderen Druck, z. B. kursiven Druck, hervorgehoben. In liturgischen Büchern des Mittelalters pflegte man die zu betenden Texte schwarz zu schreiben, die metasprachlichen, nicht zu sprechenden Texte, die Handlungsanweisungen enthielten, z. B. laut oder leise, knieend oder sitzend zu sprechen, wurden rot geschrieben. Daher die Bezeichnung „Rubriken“ für liturgische Regeln und Handlungsanweisungen.

Über die Metasprache spricht man in einer Meta-Metasprache.

Die Unterscheidung von Objekt- und Metasprache ist für jegliche wissenschaftliche Arbeit von grundlegender Bedeutung. Bei Theorien wissenschaftlicher Erklärung sind die Ausdrücke in kopulativer, distributiver und reduplikativer Supposition die entscheidenden. Alle übrigen Arten der Supposition sind vor allem für hermeneutische Wissenschaften von Interesse.

2.6 *Identität, Gleichheit, Ähnlichkeit*

Diese drei Relationen sind uns schon wiederholt begegnet, und es sollte darum geprüft werden, ob und worin sie sich unterscheiden. Stellt man die drei Begriffe „Identität", „Gleichheit", „Ähnlichkeit" nebeneinander, so könnte man fragen, ob diese drei Begriffe nun untereinander identisch oder gleich oder ähnlich seien. Alle drei kommen im Alltag wie in der Wissenschaft verhältnismäßig häufig vor und sind darum stark abgenutzt, haben ihre scharfe Kontur verloren.

Unsere drei Begriffe „Identität", „Gleichheit", „Ähnlichkeit" werden darum weitgehend in der Umgangssprache miteinander vermengt. Aber auch Logiker verfahren so: Theodor Ziehen gebraucht in seinem ›Lehrbuch der Logik auf positivistischer Grundlage‹ durchweg Identität und Gleichheit synonym. Die ›Principia Mathematica‹ können durch ihre Symbolik hier ebenfalls Verwirrung stiften: Das Identitätszeichen „≡" bezeichnet den gleichen Wahrheitswert von Aussagen, das Gleichheitszeichen „=" z. B. die Identität von Individuen, aber auch die Gleichheit von Klassen.

Doch auch eine Unterscheidung beider Begriffe ist der Umgangssprache nicht fern. Wenn Vater und Sohn z. B. dasselbe Auto benutzen, besitzen sie zusammen nur eines, wenn sie aber das gleiche fahren, besitzt jeder eines, doch beide sind von gleichem Fabrikat, gleicher Farbe, gleicher äußerlich wahrnehmbarer Beschaffenheit. Sollte allerdings ein Gast beim Ober „dasselbe Schnitzel" bestellen wie der Gast vom Nebentisch, so wird der Ober sich hüten, diese Bestellung wörtlich auszuführen. Er müßte dann dem anderen Gast ja sein Schnitzel wegnehmen und es dem Besteller bringen. Er wird ihm also statt dessen ein anderes, aber gleichartiges Schnitzel bringen. Daß zwei Gäste dasselbe Schnitzel essen, wäre höchst unappetitlich, ja faktisch kaum möglich. Nun, wenn „dasselbe" und „das gleiche", wenn Identität und Gleichheit auch oft vermengt werden, es scheint ihnen doch ursprünglich ein verschiedener Sachverhalt zugrunde zu liegen: Bei „dasselbe" existiert nur *ein* gemeinter Gegenstand. Bei „das gleiche“ existieren *zwei* gemeinte Gegenstände. Doch damit ist das Problem noch nicht gelöst, sondern lediglich gezeigt, daß überhaupt ein Problem besteht. Wir haben „identisch“ hier im Deutschen durch „dasselbe“ umschrieben. Eine landläufige Meinung besagt denn auch, daß Identität vorliege, wenn zwei Dinge in Wirklichkeit ein und dasselbe seien. Diese Erklärung aber steht anscheinend gerade im Widerspruch zum sog. Prinzip der Identität, das gerade besagt, daß jedes Ding mit sich selbst identisch ist. *Ein* Ding kann also nur *ein* Ding, *zwei* Dinge können nur *zwei* Dinge sein; aber es können nicht zwei Dinge ein Ding sein. Wenn es sich bei Identität wirklich nur um ein Ding handelt, dann wäre es doch wohl Unfug, zunächst von zwei Dingen zu sprechen und dann zu behaupten, daß diese beiden Dinge nur ein Ding seien. Das geschieht jedoch beim sog. Identifizieren, wenn z. B. festgestellt wird, daß der angebliche „Baron von Löwenklau“ identisch ist mit dem Hochstapler „Fritz Schulze“: *Ein* Individuum tritt hier unter *zwei* Namen auf.

Zweiheit auf seiten des Namens und Einheit auf seiten des Individuums sind durchaus vereinbar, so daß der eingangs erwähnte Widerspruch im Begriff der Identität nur scheinbar ist. Der Deutlichkeit halber könnte man vielleicht sagen: Identität liegt vor, wenn zwei Namen n und m dasselbe Individuum a bedeuten.

Diese Erläuterung kann uns wohl logische Einwände gegen den Begriff der Identität beheben helfen, sie kann aber keine Definition der Identität liefern, da ja darin der Begriff „dasselbe“ bereits gebraucht wird, zumindest aber bei der Bestimmung, daß isomorphe Zeichen dasselbe bezeichnen sollen.

Eine Definition der Identität hat bekanntlich Gottfried Wilhelm Leibniz versucht. Formalisiert lautet sie:

2.61 $$a \equiv b =df \forall F.\ Fa \leftrightarrow Fb,$$

d. h. a ist mit b definitionsgemäß identisch, wenn für alle Eigenschaften F gilt, daß wenn a die Eigenschaft F hat, auch b sie hat und umgekehrt. Das ist die berühmte „identitas indiscernibilium“. Sie wirft das ontologische Problem auf, ob aus der Übereinstimmung sämtlicher Eigenschaften auch die Übereinstimmung des Wesens, des Trägers der Eigenschaften folgt. Dazu führt die Quantifikation von Prädikaten in den höheren Prädikatenkalkül mit all seinen Schwierigkeiten. Wie dem auch sei, selbst wenn man die aufgeworfene Frage, ob Ununterscheidbares identisch ist, verneinen sollte, so hat diese Definition doch m. E. eine wichtige negative Bedeutung: Da man auf jeden Fall gelten lassen kann, daß die Identität die Übereinstimmung in allen Eigenschaften impliziert:

2.62 $a \equiv b \rightarrow : \forall F . Fa \leftrightarrow Fb$

und sich daraus durch Kontraposition ergibt:

2.63 $\overline{\forall} F . Fa \leftrightarrow Fb . \rightarrow . a \not\equiv b$

gilt, daß, sofern bei *a* und *b* nur *eine* Eigenschaft nicht übereinstimmt, beide nicht identisch sein können. Diese Abschwächung aus der Leibniz-Definition ist von größter Wichtigkeit als Kriterium für die Nichtidentität, während die umstrittene Formel

2.64 $\forall F . Fa \leftrightarrow Fb . \rightarrow a \equiv b$

praktisch wenig Bedeutung hat, da es ja kaum ein Ding gibt, von dem wir alle Eigenschaften genau kennen und vergleichen können.

Wir haben Identität bewußt auf Individuen eingeschränkt. Individuen sind entweder identisch, oder sie sind es nicht.

2.65 Nun wird aber, selbst bei Logikern, häufiger von partieller Identität gesprochen. Nach der Leibniz-Definition stellt ein solcher Begriff einen Widerspruch in sich dar, da ja partielle Identität auch partielle Nichtidentität bedingen würde, aber Nicht-Übereinstimmung in *einer* Eigenschaft bereits Identität ausschließt. Wenn überhaupt sinnvoll von partieller Identität gesprochen werden könnte, müßte dabei wohl statt Identität von Individuen Identität von Beschaffenheiten (Eigenschaften oder Relationen) gemeint sein. Läßt sich also nicht wie von der Identität von Individuen auch genauso sinnvoll von der Identität von Eigenschaften sprechen? Merkwürdigerweise nicht!

Es ergibt sich nämlich folgende Schwierigkeit, die schon Sextus Empiricus bekannt war und von Joseph Leśniewski und Joseph Bocheński wieder aufgegriffen wurde:

Wenn zwei Individuen *a* und *b* die identische Eigenschaft *F* besitzen, selbst aber nicht identisch sind, müssen sie sich deswegen wenigstens in einer Eigenschaft *G* unterscheiden, für die also gilt:

2.651 $Ga \wedge \overline{G}b.$

Es gilt also ferner:

2.652 $Fa \wedge Ga$ und $Fb \wedge \overline{G}b.$

Betrachten wir *F*, so stellen wir fest, daß es in *a* zusammen mit *G* vorkommt. Diese Eigenschaften des Zusammen-mit-*G*-Vorkommens wollen wir *H* nennen. Dann kommt *H* dem *F* in *a* zu, nicht aber dem *F* in *b*. Da die beiden *F* also nicht in allen Eigenschaften übereinstimmen, folgt nach unserem Kriterium, daß sie nicht identisch sind. Folglich sollte man nicht von der Identität von Eigenschaften und Beziehungen sprechen, es sei denn, man entschließe sich, das Wort „identisch“ beide Male nicht in identischer Bedeutung zu gebrauchen; doch dann wäre es zur Vermeidung von Konfusionen besser, einen anderen Terminus für die abweichende Bedeutung von Identität bei Beschaffenheiten zu gebrauchen. Ausdrücke wie „partiell“ oder „teilweise identisch“ sind dann ebenfalls nicht in bezug auf Eigenschaften angebracht, sondern höchstens in der Bedeutung „Identität eines Teiles zweier Dinge“, z. B. wenn zwei aneinandergebaute Häuser einen gemeinsamen Kamin hätten, könnte man sagen, der Kamin beider Häuser sei identisch. Statt von teilweiser Identität der Häuser spräche man dann besser von der Identität eines Teiles beider Häuser. Da dieser Teil selbst wieder ein Individuum ist, wird unsere These bestätigt, daß Identität nur Individuen zukommt. Bei dieser Gelegenheit stellt sich natürlich die Frage, was ein Individuum ist. Im strengsten Sinne unteilbar wäre z. B. ein mathematischer Punkt; doch wir wollen hier Individuum wie weitgehend üblich etwas weiter fassen als Einzelgegenstand im Gegensatz zur Klasse (Allgemeingegenstand) und zu allen Arten von Beschaffenheiten. Dabei kann ein Individuum, wie wohl stets der Fall bei körperlichen Dingen, aus andersgearteten Komponenten zusammengesetzt sein — doch wird es in diese zerlegt, entstehen neue Individuen, und das ursprüngliche Individuum schwindet. Beispiele: „dieser Tisch“, „die Stadt Mainz“, „diese Fliege hier“, „Karl der Große“. Eventuell kann man auch zu einer Klasse ein entsprechendes Individuum bilden, z. B. zu der Klasse der Deutschen: „das deutsche Volk“.

Die Beispiele führen zu der Frage: Wo findet sich Identität überhaupt? Zunächst sicherlich im Bereich des Logischen: Zwei Begriffe können identisch sein, d. h. exakt, zwei Namen können denselben Begriff bedeuten.

Nun läßt sich die Logik aber auf reale Dinge anwenden und mithin auch der Begriff der Identität. Die realen Dinge, zumindest alle physikalischen und biologischen Objekte, sind ständig in Veränderung begriffen — Identität in sensu stricto besteht hier also nur in einem bestimmten Zeitpunkt. Selbst wenn ein Körper mehrere elementare Zeitintervalle hindurch unverändert bliebe, würde sich doch sein zeitlicher Bezug ändern und damit läge keine Identität im strengen Sinne mehr vor.

2.66 Gen-Identität.

Neben der strengen Identität im logischen Sinne hat man deswegen für Realien eine andere, abgeschwächte Art der Identität eingeführt, die sog. Gen-Identität. Man zieht dafür nur die wesentlichen Beschaffenheiten eines Dinges in Betracht, läßt zeitliche und räumliche Bezüge und alle mehr oder weniger zufälligen Beschaffenheiten außer acht. In diesem Sinne wäre ein bestimmter Mensch in seinen verschiedenen Lebensaltern gen-identisch.

Ein Auto an verschiedenen Orten zu verschiedener Zeit wäre gen-identisch; auch wenn es eine neue Lackierung erhalten hat, wäre es wohl noch gen-identisch. Wieweit ein Ding noch gen-identisch ist, hängt davon ab, welche Beschaffenheiten man als wesentlich ansieht und welche nicht, worüber man sich im Einzelfall einigen müßte. Es ist anzumerken, daß es sich auch bei der Gen-Identität nicht um Identität bestimmter wesentlicher Eigenschaften handelt, sondern um die Identität eines Individuums unter Vernachlässigung unwesentlicher Eigenschaften. Nach dieser Distinktion zwischen Identität und Gen-Identität fällt es leichter, die wichtigste Anwendung der Identität, das sog.

2.67 Identitätsprinzip

zu diskutieren. Es begegnet uns in zahlreichen Fassungen.

1. Die Formulierung: „Alle Dinge sind mit sich selbst identisch" klingt zwar, da hier von Name keine Rede ist, ganz ontologisch. In Wirklichkeit ist sie — von der schlechten Formulierung einmal ganz abgesehen — eine bloße Tautologie, die besagt: „Für alle Dinge gilt: Dieselben Dinge sind identische Dinge."
2. $a \equiv a$ dagegen läßt sich entspr. unserer semantischen Bedeutungsrelation interpretieren: Isomorphe Namen bedeuten identisch dasselbe. Das kann man nicht gut ein Gesetz nennen, sondern eher ein Postulat, das fordert, isomorphe Namen eben für ein und denselben Gegenstand zu gebrauchen.
3. Gemeint ist jedoch wohl offensichtlich mit dem Identitätsprinzip etwas mehr, als seine Formulierungen besagen, nämlich die ontologische These, daß alles Seiende eine gewisse Konstanz des Seins hat. Das Identitätsprinzip ist m. E. eine Absage an das Heraklitische πάντα ῥεῖ.

   Alles ist eben nicht in ständiger Veränderung begriffen — es gibt konstante Seinspunkte. Eine gewisse Konstanz der Dinge entnehmen wir einmal der Erfahrung. Zum anderen ist das auch die Voraussetzung für jegliches Wissen. Bei völlig regelloser, chaotischer, dauernder Veränderung wäre keine Wissenschaft, vor allem keine Logik, möglich. Eine wirklich befriedigende Formulierung dieses ontologischen Identitätsprinzips habe ich bisher nicht gefunden und möchte auch auf eine eigene Formulierung verzichten. Daß dieses beinahe selbstverständliche Prinzip meinen Darlegungen über Identität zugrunde liegt, mag man daraus ersehen, daß ich so entschieden darauf insistiere, daß Identität nur Individuen zukommt, die ich als relativ konstante Träger gegenüber ihren wechselnden Eigenschaften aufgefaßt wissen möchte.
4. Die zahlreichen Formulierungen des Identitätsprinzips im Logik-Kalkül handeln merkwürdigerweise meist eben nicht von Identität,

sondern von Gleichheit, wie das Äquivalenzzeichen und Gleichheitszeichen beweisen. Soweit das Implikationszeichen „$\rightarrow$" vorkommt, ist es stets eine Abschwächung von „$\leftrightarrow$".

2.671	$\vdash .p \leftrightarrow p$	$\vdash :\forall x.Fx \rightarrow Fx$	$\vdash .R \doteq R$
	$\vdash .p \rightarrow p$	$\vdash .M = M$	$\vdash .R$ c. R
	$\vdash :\forall x.Fx \leftrightarrow Fx$	$\vdash .M$ c M	$\vdash :\forall x.x \equiv x$

Es kommen hier zwar isomorphe Zeichen vor, aber sie bezeichnen keine Individuen, sondern Aussageformen, Klassen, Relationen. Lediglich im letzten Beispiel ist von der Identität von Individuen die Rede — nur dies stellt eine echte Formulierung des Identitätsprinzips dar. Das soll nicht hindern, die überkommene Bezeichnung auch für die übrigen Formulierungen beizubehalten. Doch sollte man sich klar bewußt sein, daß diese nur wegen ihrer Strukturgleichheit mit dem Identitätsprinzip im übertragenen Sinne, per analogiam, ebenso genannt werden.

2.68 Die Hauptbedeutung des Identitätsprinzips liegt m. E. darin, daß es zusammen mit dem Prinzip der doppelten Verneinung das Nichtwiderspruchsprinzip herzuleiten gestattet:

2.681 $\vdash : \forall x.x \equiv x$ ergibt:

2.682 $\vdash : \forall x.\overline{x \not\equiv x}$ daraus:

2.683 $\vdash : \overline{\exists}\, x.x \not\equiv x$.

Das Prinzip vom ausgeschlossenen Dritten ist dagegen aus dieser Fassung nicht herzuleiten. Das spricht dafür, daß es von anderer Art ist. Dafür spricht auch, daß es in mehrwertigen Systemen nicht gilt, obwohl diese durchaus widerspruchsfrei sind. Aus den uneigentlichen Identitätsprinzipien, z. B. $\vdash .p \leftrightarrow p$ läßt sich dagegen mittels doppelter Negation und Definition der Kontravalenz als Negation der Äquivalenz das Prinzip vom ausgeschlossenen Dritten ableiten:

2.684 $\vdash .p \leftrightarrow p$ ergibt: $\vdash .\overline{p \leftrightarrow \bar{p}}$, daraus: $\vdash .p >\!\!-\!\!< \bar{p}$.

2.69 Gleichheit.

Wie sich aus dem Bisherigen ergibt, plädiere ich für einen Unterschied zwischen Identität und Gleichheit. Bei beiden begegnen uns zwar zwei Namen, doch bei der Identität entspricht diesen nur *ein* Gegenstand, während wir es bei der Gleichheit mit *zwei* Gegenständen zu tun haben. Die Gleichheit wird nicht nur oft mit Identität, sondern auch mit Ähnlichkeit vermengt. Eine häufig gehörte Meinung besagt sogar, Gleichheit sei ein Grenzfall von Ähnlichkeit. Von zwei ähnlichen Menschen sagen wir im übrigen, daß sie sich gleichen! Gerade weil jeder ohnehin zu wissen glaubt, was Gleichheit ist, scheint es schwierig, genau zu sagen, worin Gleichheit besteht.

2.691 Um dem näherzukommen, wollen wir uns der Wissenschaft

zuwenden, in der die Gleichheit eine zentrale Rolle spielt, der Mathematik, die man ja beinahe weitgehend als die Lehre von den Gleichungen bezeichnen könnte.

Mathematische Gleichheit läßt sich stets auf Gleichzahligkeit zurückführen. Zwei Mengen aber heißen gleichzahlig, wenn sich ihre Elemente eineindeutig zuordnen lassen. Bei unendlichen Mengen spricht man statt dessen von gleichmächtigen oder äquivalenten Mengen. Eine Zuordnung heißt eineindeutig, wenn jedem Element der einen Menge genau ein Element der anderen Menge zugeordnet werden kann und umgekehrt. Beispiel: Die Festsetzung, daß auf jedem Stuhl genau eine Person Platz nehmen darf, garantiert eine eineindeutige Zuordnung von Stühlen und Personen. Wenn dann alle Platz gefunden haben und weder leere Stühle noch Personen ohne Stuhl übrigbleiben, sind die Mengen der Stühle und der Personen gleichzahlig. Gleichzahligkeit läßt sich also feststellen, ohne zu zählen, und setzt auch nicht den Begriff „Zahl" voraus, so daß es kein Zirkel ist, den Begriff „Zahl" mit Hilfe des Begriffs „gleichzahlig" zu definieren: „Eine Zahl ist die Menge der gleichzahligen Mengen." Statt Menge sagt man in der Logik Klasse. Die Zahl 2 ist also die Klasse aller Paare, die Zahl 3 die Klasse aller Tripel usw. Mittels des Begriffs „gleichzahlig" geht Gleichheit also in die Definition der Zahl ein.

Die Gleichheit von Klassen wird in der Logik nun allerdings so definiert, daß nicht nur Gleichzahligkeit verlangt wird, sondern Identität der Elemente: Jedes Element der einen Klasse muß auch Element der anderen Klasse sein und umgekehrt:

2.692 $$K = L =df \forall x . x \in K \leftrightarrow x \in L.$$

Das hat dazu geführt, die Gleichheit von Klassen als Identität zu betrachten. So verwenden die ›Principia Mathematica‹ z. B. isomorphe Symbole für die Identität von Individuen und die Gleichheit von Klassen! Dagegen möchte ich Bedenken anmelden: Die Behandlung der Klassengleichheit als Identität stützt sich auf die obige extensionale Definition. Nun kann eine Klasse aber nicht nur extensional durch Aufzählung ihrer Elemente definiert werden, sondern auch intensional durch Angabe des Prädikates, dessen Extension sie ist:

2.693 $$K =df \hat{x}\, Fx.$$

Die gleiche Klasse *K* aber kann durch zwei durchaus verschiedene Prädikate bestimmt werden. Beispiele: „Die Klasse der demokratischen Bundesstaaten in Europa" und „die Klasse der Republiken, in denen die Mehrheit der Bevölkerung deutsch spricht" sind gleich: Beide haben die Elemente Deutschland, Österreich, Schweiz. „Die Klasse der deutschen Kaiser, die in der 2. Hälfte des 19. Jahrhunderts ihre Regierung antraten", und „die Klasse der Kaiser aus dem Hause Hohenzollern" sind gleich (Wilhelm I., Friedrich III., Wilhelm II.).

Obwohl die bestimmten Klassen in beiden Beispielen stets jeweils gleich sind, sind die bestimmenden Prädikate, rein intensional betrachtet, ganz verschieden. Wegen dieser Verschiedenheit der bestimmenden Prädikate würde ich dafür plädieren, gleiche Klassen nicht als identische Klassen zu bezeichnen. Sollte man allerdings das bestimmende Prädikat als bloßen Namen der Klasse betrachten, dann wäre Gleichheit als Identität von Klassen zu erklären. Da eine Klasse aber eine Extension einer Eigenschaft ist, würde aus der Identität von Klassen auch die Identität der Eigenschaften folgen. Daß diese keineswegs identisch sind, zeigen aber deutlich genug unsere obigen Beispiele!

Aus der Gleichheit von Klassen folgt ganz entsprechend auch die Gleichheit der Eigenschaften, d. h. also, zwei Eigenschaften sind gleich, wenn sie die gleiche Klasse bestimmen. Wir kommen so zu dem Ergebnis, daß Gleichheit eine Beschaffenheit von Eigenschaften bzw. Klassen ist, also eine Beschaffenheit zweiter Stufe. Und in der Tat kommt „gleich" auch hauptsächlich in Verbindung mit Eigenschaften vor: gleich groß, gleich viel, gleich alt, gleichfarbig, gleichförmig, gleichmäßig, gleichartig, gleichzahlig, gleichwertig usw.

Wann aber sind zwei Eigenschaften gleich? Wenn sie die gleiche Extension haben. Gleichheit ist also ein quantitativer Begriff. Gleiche Extension aber heißt, dieselben Elemente besitzen — Gleichheit läßt sich also auf Identität zurückführen, und das mag auch erklären, warum beide so oft verwechselt werden.

2.694 Gleichheit ist ein zweistelliges Prädikat, also eine Relation, und besitzt die strukturellen Eigenschaften:

2.6941 Reflexivität $\vdash . K = K,$

2.6942 Symmetrie $\vdash . K = L \leftrightarrow L = K,$

2.6943 Transitivität $\vdash . K = L \wedge L = M \rightarrow K = M,$

2.6944 Drittengleichheit $\vdash . K = L \wedge M = L \rightarrow K = M.$

Allerdings besitzt alle diese strukturellen Eigenschaften auch die Identität. Der Unterschied besteht darin, daß bei der Identität nur *ein* intendierter Gegenstand besteht, bei der Gleichheit dagegen mehrere, und daß Identität nur dem Individuum zukommt, Gleichheit dagegen Eigenschaften und Klassen.

Da man die Relationen als geordnete Paare auffassen kann und diese durch ein mehrstelliges Prädikat bestimmt werden, kann es folglich auch eine Gleichheit von Relationen und Beziehungen geben. Nun stellen Wahrheit und Falschheit semantische Beziehungen dar, nämlich die Übereinstimmung bzw. Nicht-Übereinstimmung zwischen einer

Aussage und ihrem intendierten Sachverhalt. Folglich können wir auch von der Gleichheit von Wahrheitswerten sprechen. Die Äquivalenz des Aussagenkalküls, die die Gleichheit der Wahrheitswerte bedeutet, stellt also auch eine Gleichheit dar und besitzt in der Tat all deren strukturelle Eigenschaften. Da es nicht nur *eine* wahre Aussage gibt, sondern deren eine ganze Fülle, ist es nicht angängig, von dem *einen* identischen Wahrheitswert zu sprechen, anstatt vom gleichen Wahrheitswert. Deswegen ist das Äquivalenzzeichen der Principia Mathematica „≡" so bedenklich irreführend.

Nun sprechen wir aber nicht nur von gleichen Beschaffenheiten (Eigenschaften und Beziehungen), sondern oft auch von gleichen Dingen, z. B. von zwei gleichen Autos. Damit sind aber nun nicht zwei identische Individuen, sondern zwei verschiedene Individuen gemeint, deren in Betracht gezogene Beschaffenheiten gleich sind. Daß der Terminus „partielle Identität" dafür ungeeignet ist, wurde bereits früher bemerkt.

Zum geometrischen Begriff der „Kongruenz" sei angemerkt, daß sie nicht eine Verbindung von Gleichheit (der Fläche) und Ähnlichkeit (der Form) besagt. Sie besagt vielmehr eine zweifache Gleichheit, nämlich sowohl bezüglich der Fläche wie der Form.

2.695 Der Terminus Ähnlichkeit ist nicht nur ziemlich unscharf, sondern er wird in einer Reihe ganz verschiedener Bedeutungen gebraucht. Nach scholastischer Lehre soll sich die Gleichheit auf die Quantität beziehen — das konnten wir in etwa bestätigen. Die Ähnlichkeit dagegen soll sich auf die Qualität beziehen; das ist problematisch, da sich ja auch die Gleichheit auf Beschaffenheiten bezieht, wie wir sahen.

Ich möchte hier vier Bedeutungen von Ähnlichkeit anführen, von denen aber nur die ersten beiden Ähnlichkeit im engeren Sinne sind.

2.6951 Ähnlich kann soviel bedeuten wie *beinahe gleich*: ähnlich ist eine Eigenschaft von Beschaffenheiten, deren Extension nahezu gleich ist, z. B. heißen Farben ähnlich, die nahezu gleich sind; Gestalten heißen in diesem Sinne ähnlich, wenn sie nahezu gleich sind usw. Ziehen nennt diese Art „propinquale Ähnlichkeit".

2.6952 Ähnlich kann soviel bedeuten wie „teilweise gleich": Man nennt Dinge ähnlich, wenn sie zum mehr oder weniger großen Teile gleiche Beschaffenheiten besitzen. So heißen denn zwei Kleider ähnlich, wenn sie gleiche Farbe und Form besitzen, aber aus verschiedenen Stoffarten bestehen, sie mögen sich außerdem auch in den Knöpfen und aufgesetzten Verzierungen unterscheiden. Zwei Autos mögen ähnlich heißen, wenn sie gleiche Karosserie, aber verschiedene Farbe und verschieden starken Motor besitzen usw. Ziehen nennt diese Ähnlichkeit „frustale“ (von lat. frustum = Stück, Brocken).

Diesen beiden Arten gemeinsam sind die strukturellen Eigenschaften der Reflexivität, Symmetrie und der fehlenden Transitivität. Sie unterscheiden sich formal darin, daß die erste Art der Ähnlichkeit sich auf eine Beschaffenheit bezieht und erst im übertragenen Sinne auf Dinge: Sie schwächt die Gleichheit ab, d. h. hebt sie auf. Die zweite Art dagegen unterstreicht die Gleichheit von Beschaffenheiten, betont aber, daß sie nur bei einem Teile der Beschaffenheiten besteht, kann also nur von einem Ding ausgesagt werden.

2.6953 In der Geometrie versteht man unter Ähnlichkeit die Gleichheit der Form, unabhängig von der Gleichheit des Inhalts. Die Form aber kann man als ein Relationsgefüge betrachten. Ähnlichkeit in diesem Sinne, d. h. die Gleichförmigkeit, ist eine Art der Gleichheit und besitzt natürlich deren strukturelle Eigenschaften, d. h., diese „Ähnlichkeit“ ist im Gegensatz zu den ersten beiden Arten auch transitiv: Wenn das Dreieck *ABC* ähnlich ist dem Dreieck *DEF* und das Dreieck *DEF* ähnlich dem Dreieck *GHI*, dann ist auch das Dreieck *ABC* ähnlich dem Dreieck *GHI*!

2.6954 Schließlich wird Ähnlichkeit auch im Sinne von Analogie gebraucht. Über Analogie möchte ich bei dieser Gelegenheit nicht in extenso schreiben, man möge dazu das Nötige nachlesen unter 2.43. Hier sei nur angeführt, daß Analogie keine Gleichheit besagt, sondern Äquivokation bei Vorliegen einer Kausalrelation oder Isomorphie von Relationen. Man sollte darum Analogie, die eine Art der Bedeutung besagt, von dem mehrdeutigen Begriff der Ähnlichkeit, die sich auf Individuen oder Eigenschaften bezieht, grundsätzlich unterscheiden.

2.696 Verschiedenheit.

Schließlich möchte ich das Problem der Negation von Identität, Gleichheit und Ähnlichkeit aufwerfen. Am besten setzt man den Termini einfach „nicht“ voran. Für „nichtidentisch“ und „nichtgleich“ wird beide Male „verschieden“ gesagt. Bruno von Freytag-Löringhoff hat für Nichtidentität den Term „Diversität“ vorgeschlagen. Das wäre zu überlegen.

Für nichtgleich sagt man auch ungleich, für nichtähnlich unähnlich. Wir haben hier wieder den Fall, daß der Vermengung von Identität und Gleichheit die Doppeldeutigkeit von verschieden entspricht. Verschiedenheit von Individuen wäre also zu präzisieren als Nichtidentität, Verschiedenheit von Eigenschaften als Ungleichheit. Identität, Gleichheit, Ähnlichkeit sind Eigenschaften, und zwar ungleiche Eigenschaften.

2.7 *Unterschiedliche Bedeutungen von „wahr“*

Wissenschaft kann sich auf Dauer nicht mit bloßen Vermutungen begnügen, sie sollte nach wahren Ergebnissen streben. Was aber ist Wahrheit? Wahrheit ist ein Abstraktum, das sich wie manch andere Abstrakta schwer definieren läßt. Wir wollen deshalb darauf verzichten, „Wahrheit“ zu definieren, und sehen uns statt dessen an, wie „wahr“ angewandt wird. Doch wollen wir uns dabei nicht mit konkreten Einzelbeispielen begnügen — denn so erhielten wir eben nur Exempel und keine Definition. Wichtig ist, daß wir zeigen, auf welche Kategorien, d. h. Klassen von Gegenständen mit gleichen strukturellen Eigenschaften, es angewandt wird. Gibt es nur eine oder mehrere solche Kategorien? Entsprechend träte „wahr“ nur in einer Bedeutung auf oder in mehreren Bedeutungen, die sich strukturell unterscheiden ließen.

2.71 In Wendungen wie „Dies ist wahres Gold“, „Das ist ein wahrer Freund“ tritt „wahr“ als ein monadischer, Individuen bestimmender, Individuen bildender Funktor auf. Gemeint ist jeweils, daß dieser Klumpen Gold *g* hier die wesentlichen Eigenschaften besitzt, die definitionsgemäß dem Gold *G* zukommen, d. h., dieses Stück *g* ist ein Element der Klasse des Goldes *G*.

2.711 $\{\text{wahr}\}\ g =df\ g \in G.$

2.712 $\{\text{wahr}\}\ f =df\ f \in F.$

Ein *f* heißt wahrer Freund, wenn *f* als Element der Klasse der Freunde *F* angehört.

„Wahr“ meint also, daß ein Individuum zu Recht die entsprechende Klassenbezeichnung führt, oder ontologisch ausgedrückt: wahres Gold ist etwas, das die Wesenseigenschaften des Goldes besitzt; ein wahrer Freund ist jemand, der so beschaffen ist, wie es dem Begriff, der Idee „Freund“ zukommt. Das Wort „wahr“ in dieser Bedeutung läßt sich durch „echt“ ersetzen: man kann hier sagen „echtes Gold“ bzw. „echter Freund“. Wissenschaftstheoretisch ist das ontologisch Wahre nicht von sonderlicher Relevanz.

2.72 In Wendungen wie „Es ist wahr, der Angeklagte weilte zur Tatzeit in der Nähe des Tatortes“ tritt „wahr“ als ein monadischer Funktor auf, der eine Aussage bestimmt und eine neue Aussage ergibt. Doch was ist eine Aussage? „Ein sprachliches Gebilde, das einen Sachverhalt intendiert und dadurch den Charakter erhält, wahr oder falsch zu sein, nennen wir eine Aussage.“ „Wahr“ heißt eine Aussage also genau dann, wenn sie mit dem intendierten Sachverhalt übereinstimmt.

2.721 $\{\text{wahr}\}\ p = df\ \ddot{U}b\,(p, SV_p).$

„Eine Aussage *p* ist wahr“, wird definiert als:

„Der sprachliche Ausdruck *p* stimmt überein mit dem Sachverhalt *SV*, auf den sich *p* bezieht." Diese Definition geht zurück auf Aristoteles (vgl. Met. IV 6, 1011 b 26 ff.).

Etwas problematisch ist in dieser Definition die Relation „stimmt überein". Es ist eines der Verdienste von Ludwig Wittgenstein, durch seine Bildtheorie des Satzes dieses Problem geklärt zu haben. Erik Stenius hat diese Theorie von Ludwig Wittgenstein durch seine Interpretation konsolidiert: Der Sachverhalt und sein sprachlicher Ausdruck im Satz verhalten sich etwa wie Landschaft und Landkarte, wobei nicht nur maßstabsgetreue, sondern auch rein topologische Darstellungen zugelassen sind. „Übereinstimmung" liegt dann vor, wenn Satz und Sachverhalt die gleiche logische Form besitzen.

Die gelegentlich gehörte Definition: „Eine Aussage *p* heißt wahr, wenn der Sachverhalt, den *p* intendiert, besteht", klingt zwar einfacher, setzt aber die obige Definition voraus: denn entscheidend ist ja nicht nur, daß ein gewisser Sachverhalt besteht, sondern daß dieser bestehende Sachverhalt mit dem Sachverhalt übereinstimmt, den die Aussage *p* intendiert. Dazu kommt, daß diese zweite Definition bestehende Sachverhalte, d. h. Tatsachen, fordert, also nur auf positive Aussagen anwendbar ist: die erste Definition dagegen läßt sich auch zur Erklärung der Wahrheit negativer Urteile anwenden: diese stimmen überein mit negativen Sachverhalten.

Erik Stenius hat darauf hingewiesen, daß die Wittgensteinsche Abbildungstheorie des Satzes keineswegs alle Arten von Sätzen befriedigend erklären kann. Sie reicht aber sicher aus für die Sätze, in denen einem oder mehreren Individuen ein- bzw. mehrstellige Beschaffenheiten zugeordnet werden, also $f(a)$ bzw. $g(a, b, c, d)$. Und für Aussagen dieser Art gilt entsprechend dieser Definition dann auch, sofern die auftretenden Terme hinreichend präzisiert sind, daß sie nicht zugleich wahr oder falsch sein können (wobei „falsch" als „nicht wahr" definiert ist) und daß sie entweder wahr oder falsch sind.

2.722 $\vdash \overline{p \wedge \bar{p}}$ Nicht-Widerspruchsprinzip.

2.723 $\vdash p \succ\!\!-\!\!\prec \bar{p}$ Prinzip vom ausgeschlossenen Dritten.

Daraus folgt, daß eine Aussage nicht mehr oder weniger wahr sein kann: wenn sie nicht wahr ist, dann ist sie falsch. Es gibt keine Gradabstufungen für wahr in bezug auf Aussagen.

2.724 Aber sehen wir uns unser Beispiel noch einmal an: „Der Angeklagte weilte zur Tatzeit in der Nähe des Tatortes." Wenn nur *ein* Zeuge, der ziemlich kurzsichtig ist, seine Brille nicht trug und den Angeklagten nur sehr flüchtig kannte, glaubt, ihn bei schlechter Beleuchtung gesehen zu haben — ist diese Aussage dann nicht weniger wahr, als wenn fünf Zeugen, die ihn seit Jahren gut kennen, berichten, daß sie sich nacheinander mit ihm jeweils einige Minuten in einer hellerleuchteten Gaststätte unterhielten?

Hier wird offensichtlich „wahr“ mit „verifiziert“ verwechselt. Wenn der Angeklagte sich am Tatort aufgehalten hat, dann ist das wahr, unabhängig davon, wieviel Leute ihn gesehen haben, und es bleibt wahr, auch wenn ihn kein einziger gesehen hat. Etwas anderes ist es, ob sich diese wahre Aussage auch verifizieren läßt. Bernard Bolzano hat schon durch seine Lehre von den „Wahrheiten an sich“ nachdrücklich auf diesen Unterschied hingewiesen. Er führt als Beispiel an, daß der Satz, daß der Kirschbaum vor seinem Fenster im letzten Frühjahr eine bestimmte Anzahl Blüten gehabt habe, eine solche Wahrheit an sich sei, unabhängig davon, ob jemand auch wisse, wieviel Blüten es waren. Die Verifizierung einer Aussage läßt Gradabstufungen zu und unterscheidet sich in dieser Hinsicht von deren Wahrheit.

2.725 Ist die Wahrheit sicher erkannt, so gilt die Aussage als gewiß, sonst als mehr oder weniger wahrscheinlich. In bezug auf die Gewißheit gibt es also ebenfalls Gradabstufungen wie bei der Verifizierung. Selbst in wissenschaftlichen Abhandlungen kommt es leider immer wieder vor, daß diese drei Dimensionen verwechselt werden. Wird eine Aussage zur Diskussion gestellt durch die Frage „Ist es so?“, wird gefragt, ob die Aussage wahr sei. Wird gefragt, ob es festgestellt sei, daß die Aussage wahr ist, dann handelt es sich darum, ob sie verifiziert ist. Wird gefragt, ob sicher erkannt ist, daß diese Aussage wahr ist, so handelt es sich darum, ob sie gewiß oder wahrscheinlich ist.

Die unterschiedlichen Auffassungen der klassischen und der intuitionistischen Mathematik beruhen darauf, daß die klassische Theorie die Gewinnung der wahren Sätze erstrebt, während die intuitionistische als wahr nur gelten lassen will, was verifiziert ist.

2.73 „Es ist immer wahr: Peter ißt nicht gut, oder Peter schläft nicht gut, ist gleichwertig mit: es ist nicht wahr: Peter ißt gut, und Peter schläft gut.“ Daß dieser Satz immer wahr ist, läßt sich im Aussagenkalkül mit der Wahrheitswertmethode leicht beweisen.

p bezeichne: Peter ißt gut $\quad$ q bezeichne: Peter schläft gut

Folglich ergibt sich dann formalisiert:

2.731

$\bar{p} \vee \bar{q}$	$\leftrightarrow$	$p \wedge q$
$-p \vee -q$	$\leftrightarrow$	$-.p \wedge q$
FW F FW	*W*	*F W W W*
FW W WF	*W*	*W W F F*
WF W FW	*W*	*W F F W*
WF W WF	*W*	*W F F F*

Unsere Formel ergibt bei jeder Einsetzung den Wert wahr, ist also ein logisches Gesetz.

2.732 $\vdash \bar{p} \vee \bar{q} \leftrightarrow \overline{p \wedge q}.$

Hier bedeutet „wahr" soviel wie „allgemeingültig": Wahre Gesetze sind Gesetze, die allgemeingültig sind, für jeden Einzelfall gelten, auf den das Gesetz angewandt wird. Auch wenn wir von mathematischen Sätzen sagen, sie seien wahr, meinen wir, daß sie immer und in jedem Fall gelten, allgemeingültig sind. Das ist „wahr" in dem Sinne der klassischen Arbeit von Alfred Tarski ›Der Wahrheitsbegriff in den formalisierten Sprachen‹. Bei Naturgesetzen ist das im Prinzip gleich: sie sind allgemeingültig. Doch wissen wir heute, daß die klassischen Naturgesetze nur innerhalb gewisser Randbedingungen gelten: Die Geschwindigkeit darf nicht zu nahe an die Lichtgeschwindigkeit kommen, die Größen dürfen nicht zu nahe an die Größe der Elementarteilchen kommen, die Temperatur nicht zu nahe an den absoluten Nullpunkt.

Während für Aussagen das zweiwertige System wahr — falsch gilt, steht es um die Gesetze anders: hier gilt gewissermaßen ein vierwertiges System: allgemeingültig, immer ungültig (unerfüllbar), erfüllbar, widerlegbar. Zwischen diesen vier Werten gelten die Gesetze des logischen Quadrates in der Weise, wie Boethius es für die vier klassischen Urteilsarten formulierte:

2.733

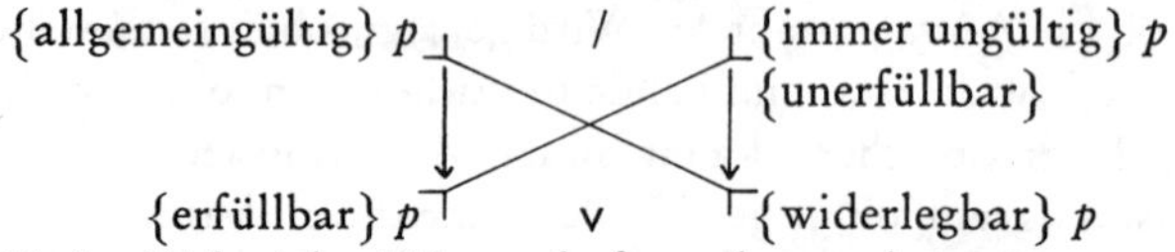

2.74 Es ist Ziel vieler Wissenschaften, ihre wahren Aussagen und ihre allgemeingültigen Gesetze zusammenzufassen zu einer systematischen Theorie. Wie steht es um die Wahrheit von Theorien? Karl Popper hat in seiner ›Logik der Forschung‹ bereits 1935 darauf hingewiesen, daß noch so viele Verifizierungen einer Theorie sie nicht allgemeingültig machen — daß dagegen *eine* Falsifizierung sie bereits als falsch widerlegt. Und er fordert, daß jede sinnvolle Theorie prinzipiell falsifizierbar sein müsse. Wenn davon gesprochen wird, daß eine Theorie wahr sei, dann meint das, sie sei adäquat zur Beschreibung des entsprechenden Gebietes; sie gestatte, die einschlägigen Gesetze in ein System zu bringen und die wahren Aussagen des Gebietes herzuleiten bzw. vorauszusagen. Eine Theorie erstrebt die Beschreibung der Wirklichkeit. Doch sie kann naturgemäß nie die ganze Wirklichkeit erfassen, und sie kann die Wirklichkeit nicht mit beliebiger Genauigkeit erfassen. Für die Wahrheit einer Theorie gibt es darum Gradabstufungen.

Da eine Theorie immer nur bis zu einem gewissen Grade verifizierbar sein kann, sofern sie hinreichend umfassend angelegt ist, kann sie auch nur mehr oder weniger angemessen sein. Statt von „wahr" sollte man bei Theorien deswegen von „angemessen" reden.

2.75 Während eine Theorie eine begriffliche Erfassung des entsprechenden Bereiches der Wirklichkeit erstrebt, mit dieser möglichst übereinstimmen will und Anspruch darauf erhebt, „wahr" zu sein, erstrebt ein Modell nur, bestimmte Strukturen der fraglichen Gegebenheiten adäquat darzustellen, so daß systematische Gesetzmäßigkeiten erfaßbar werden. Modelle beanspruchen im Gegensaz zu Theorien nicht, die Wirklichkeit darzustellen, sondern nur, bestimmte Strukturen der Gegebenheiten abzubilden. Eine Gegebenheit kann deshalb durch mehrere Modelle erfaßt werden, die z. T. verschiedene Aspekte erfassen, aber auch verschieden geeignet oder umfassend Gegebenheiten abbilden. So etwa ergeben Lichtquanten und -wellen zwei sich ergänzende Modelle für die Erklärung der Phänomene und Gesetze des Lichtes. Andererseits kann ein und dasselbe formale Modell evtl. sehr verschiedene Gegebenheiten strukturell erfassen (vgl. 1.224).

Von einem Modell verlangt man, daß es widerspruchsfrei ist, d. h., daß es wenigstens durch eine Deutung erfüllt wird. Ein Modell heißt wahr, wenn bei Zuordnung der Elemente des Gegenstandsbereiches zu den Elementen des Modells zu den Relationen innerhalb des Modells sich entsprechende Relationen im Gegenstandsbereich ergeben. Statt von einem „wahren Modell" kann man auch von einem „passenden" oder „geeigneten" oder „brauchbaren Modell" sprechen. Der Trend in der modernen Wissenschaft geht dahin, immer mehr auf Theorien zu verzichten und statt dessen die sehr abstrakten gesetzmäßigen Zusammenhänge durch Modelle darzustellen.

Es haben sich also mindestens fünf Kategorien ergeben, auf die „wahr" anwendbar wird: Gegenstände, Aussagen, Gesetze, Theorien, Modelle. Man sollte also stets fragen: „Wovon wird wahr ausgesagt?" Die immense Verwirrung rührt daher, daß man diese fünf verschiedenen Bedeutungen von wahr konfundiert und dann von der Verschiedenheit absieht und das Abstraktum Wahrheit bildet und dies zu definieren sucht.

2.8 Semantische Kategorien; Sein und Erkennen

Wiederholt sind uns schon die Ausdrücke „Funktor" und „Argument" begegnet!

2.81 Unter einem Funktor verstehen wir einen Ausdruck, der einen oder mehrere andere Ausdrücke näher bestimmt, erläutert, in Beziehung setzt. Funktoren sind Synkategoremata (vgl. 2.341). Funktoren können zur Kennzeichnung in geschweifte Klammern geschrieben werden und stehen links von ihrem bzw. ihren Argumenten. Bestimmt ein Funktor genau zwei Argumente, schreibt man ihn gelegentlich auch zwischen diese beiden Argumente. Bestimmt ein Funktor mehrere Argumente, kann man die Stellenzahl links hoch vor den Funktor stellen, also z. B. $\{^3\mathrm{F}\}$. Beispiel: in dem Ausdruck „ungerade Zahl" ist „ungerade" ein Funktor.

2.82 Unter einem Argument versteht man einen Ausdruck, der von einem anderen Ausdruck näher bestimmt, erläutert wird; es können auch mehrere Argumente durch einen Funktor aufeinander bezogen werden. Argumente können zur Kennzeichnung in runde Klammern geschrieben werden und stehen rechts von ihrem Funktor. Hat ein Funktor mehrere Argumente, so werden diese, durch Kommata getrennt, gemeinsam von runden Klammern umschlossen. Wird die Stellenzahl bei dem Funktor angegeben, so werden die Argumente durch Indizes rechts unten durchgezählt. Beispiel:

$$\{^4F\}\ (a_1,\ c_2,\ e_3,\ b_4).$$

Funktoren können ihrerseits durch Funktoren bestimmt sein, Argumente können bereits aus Funktor und Argument zusammengesetzt sein. Die natürlichen Sprachen wie auch wissenschaftliche Formelsprachen kann man als zusammengesetzt aus Funktoren und Argumenten betrachten und sie so auf ihre logische Struktur hin untersuchen. Beispiele:

„Dieter liebt Gerda.": {liebt} (Dieter, Gerda)

„Gestern abend um 1/4 nach 10 brachte mein Freund Olaf mir das in der ›Welt‹ besprochene Buch über Mengenlehre.": $\{^4$brachte$\}$ ({{nach} (1/4, 10)} ({gestern} (abend))$_1$, {{mein} (Freund)} (Olaf)$_2$, mir$_3$, {{{in der} („Welt")} (besprochene), {über} (Mengenlehre)} (das Buch)$_4$).

$$„3\times4+7:4=\frac{4}{55}“: \{=\}\ (\{+\}\ (\{\times\}\ (3, 4), \{:\}\ (7, 4), \{-\}\ (55, 4))$$

Wird nun in dem Ausdruck {F} (*a*) die Konstante *a* durch eine Variable *x* ersetzt, so ergibt sich {*F*} (*x*). Für *x* darf allerdings nicht alles Beliebige eingesetzt werden, sondern nur ein Zeichen von der Art, daß sich durch die Einsetzung wieder ein sinnvoller Ausdruck ergibt. Bezeichnet z. B. *F* den Funktor „ist rot", so darf in „{ist rot} (*x*)" für *x* nur ein Name für einen Einzelgegenstand (Individuum) eingesetzt werden, also z. B. „diese Tomate", „jene Nase", „diese Fahne", „diese Zitrone". Wird der erste Ausdruck eingesetzt, so ergibt sich eine wahre Aussage, wird der vierte Ausdruck eingesetzt, so ergibt sich eine falsche

Aussage, in den beiden mittleren Fällen kann über Wahrheit oder Falschheit nichts Verbindliches gesagt werden, bevor man die betreffenden Gegenstände angesehen hat oder sonstwie etwas über ihre Farbe erfahren hat. In allen vier Fällen aber ergibt sich ein sinnvoller Ausdruck der deutschen Sprache. Setze ich dagegen für x ein: „schläft", „und", „die Stühle", „große", so ergibt sich in all diesen vier Fällen kein sinnvoller Ausdruck der deutschen Sprache, sondern eine zusammenhanglose, sinnlose Wortreihe.

2.83 Alle diejenigen Ausdrücke einer Sprache, die füreinander in einem sinnvollen Ausdruck einer Sprache eingesetzt werden können, so daß wiederum ein sinnvoller Ausdruck dieser Sprache entsteht, bilden eine semantische Kategorie.

In unserem obigen Beispiel ergibt sich, daß alle Namen für Einzelgegenstände (Individuen) eine semantische Kategorie bilden.

2.84 Elementare semantische Kategorien (ESK) sind solche semantische Kategorien, die nur als Argument, nicht aber als Funktor auftreten können. Die wichtigsten ESK umfassen Namen für:

2.841 Individuen,

2.842 Universalien,

2.843 Annahmen,

2.844 Aussagen,

2.845 Imperative,

2.846 Fragen,

2.847 Performative.

Mit Hilfe von Funktoren können aus den ESK zusammengesetzte semantische Kategorien gebildet werden.

2.85 Die Funktoren lassen sich einteilen:

2.851 nach der Anzahl der Argumente, die sie bestimmen, in:

2.8511 monadische Funktoren, die ein Argument bestimmen. Z. B. der Negator $\bar{p}$, der Klassenkomplementator K'; {ist rot} ist ebenfalls ein monadischer Funktor;

2.8512 dyadische Funktoren, die zwei Argumente bestimmen, z. B. der Implikator $p \rightarrow q$, der den Klassendurchschnitt erzeugende Produktor $K \cap L$; {liebt} ist ebenfalls ein dyadischer Funktor;

2.8513 triadische Funktoren, die drei Argumente bestimmen, z. B. {ist die Differenz von . . . und . . .}, {übergibt das . . . dem . . .};

2.8514 tetradische Funktoren, die vier Argumente bestimmen, z. B. hat die Bezeichnungsfunktion $B\ (a, l, g, x)$ den tetradischen Funktor $\{B\}$.

2.8515 n-adische Funktoren, die n Argumente bestimmen.

2.852 Nach der semantischen Kategorie der Argumente, die der

Funktor bestimmt, lassen sich z. B. individuenbestimmende, universalienbestimmende, aussagenbestimmende Funktoren unterscheiden. Bei mehreren Argumenten kann es dann z. B. auch einen individuen-universalienbestimmenden Funktor geben wie den Elementator $\in$ in der Formel $a \in K$.

2.853 Nach der semantischen Kategorie des Ergebnisses, das erzeugt wird durch die Anwendung des Funktors auf seine Argumente, kann es z. B. geben: individuenerzeugende, universalienerzeugende, aussagenerzeugende Funktoren. So ist der Negator in $\bar{p}$ ein monadischer, aussagenbestimmender, aussagenerzeugender Funktor; der Produktor in $K \cap L$ ist ein dyadischer, universalienbestimmender, universalienerzeugender Funktor; der Elementator in $a \in K$ ist ein dyadischer, individuen-universalienbestimmender, aussagenerzeugender Funktor.

2.86 Syntaktischer Unsinn entsteht, wenn ein Funktor nicht auf die ihm zukommende Anzahl oder semantische Kategorie der Argumente angewandt wird. So ist z. B. der Implikator als dyadischer, aussagenbestimmender Funktor definiert. Wird er dagegen, wie manchmal in der deontischen Logik, auf Imperative angewandt, ist das logischer Unfug. Man müßte für diesen Zweck einen eigenen Funktor definieren, der imperativebestimmend ist. Elektrizität kann man nicht durch Gummischläuche leiten und Abwässer nicht durch einen Kupferdraht transportieren. Wenn da aber zu lesen ist: „Freiheit → Verantwortung“, dann ist hier „→“ nicht mehr Implikator, hat also auch nicht dessen formale Eigenschaften.

Wissenschaftliche Erkenntnis ist ein Sonderfall von Erkenntnis überhaupt; das Sein wissenschaftlicher Gegenstände wäre ein Sonderfall von Sein überhaupt. Erkenntnis als solche ist Gegenstand der Erkenntnistheorie, Sein als solches Gegenstand der Ontologie. Beide Gebiete haben deshalb gewisse Bezüge zur Methodologie, die gelegentlich schon sichtbar wurden, doch sollen diese Gebiete hier nicht behandelt werden. Wohl aber ist von fundamentaler Wichtigkeit ein Satz über einen Unterschied, der sich auf diese beiden bezieht:

2.87 Seinsordnung (ordo essendi) und Erkenntnisordnung (ordo cognoscendi) verlaufen oft verschieden.

Was dem Sein nach das frühere ist, ist oft der Erkenntnis nach das spätere und umgekehrt. So erkennt man z. B. zuerst, daß ein Kork auf Wasser schwimmt, und schließt dann daraus, daß er leichter ist als Wasser. In der Erkenntnis folgt also aus dem Schwimmen das geringere spezifische Gewicht. Dem Sein nach aber ist es umgekehrt: Weil Kork ein geringeres spezifisches Gewicht als Wasser hat, kann er auf diesem schwimmen.

Dem Sein nach sind die Atome das Einfachere gegenüber den zusammengesetzten Dingen der Körperwelt; die Erkenntnis der Naturwissenschaft aber beginnt mit den zusammengesetzten Dingen der Körperwelt und ihren Eigenschaften und stößt dann schließlich auch zu den Atomen vor.

2.88 Der Weg, auf dem man zu einer Erkenntnis gelangt ist, ist ein historisches Faktum; dieses liefert keine Begründung für die Geltung eines gefundenen Sachzusammenhanges. So führten z. B. Probleme der Landvermessung zur Entdeckung geometrischer Gesetze; doch wird die Geltung dieser Gesetze (z. B. daß die Winkelsumme im ebenen Dreieck stets zwei rechte beträgt) nicht durch Messungen bewiesen.

3. EINTEILUNG

3.0 Zur Geschichte

Die Lehre von der Einteilung, der divisio, ist uralter Bestandteil der Methodologie. Bei Platon findet sie sich schon als διαίρεσις und wurde dann im Mittelalter gründlich untersucht und auf verschiedene Arten dargestellt.

3.1 Wort- und Sacheinteilung

Man unterschied dabei die divisio nominis, die Worteinteilung, von der divisio realis, der Sacheinteilung. Erstere teilt die Worte ein aufgrund der Unterscheidung ihrer mannigfachen Bedeutung. Da das bereits im Kapitel von der Unterscheidung mitbehandelt wurde, kann ich mich hier auf die Sacheinteilung beschränken. Sie besteht darin, ein Ganzes aufgrund eines bestimmten Gesichtspunktes in Teile zu zerlegen. Dabei spielen eine Rolle:

3.2 Die drei Aspekte der Einteilung

3.21 Da ist zunächst das *Einteilungsganze,* das totum dividendum. Es muß einerseits eine Einheit sein, denn zusammenhanglose Stücke können zwar geordnet oder zusammengefügt werden, aber nicht geteilt werden: wohl kann jedes einzelne Stück als Einheit betrachtet und dann geteilt werden. Andererseits muß dies einheitliche Ganze aber teilbar sein, irgendwie gegliedert sein oder potentielle Teile enthalten. (Ein Punkt z. B. ist nicht teilbar.)

Das ist immer der Fall, wenn das Ganze quantitative Dimensionen hat, da eine Quantität ja eine Mehrheit von Einheiten umfaßt, diese Einheiten also potentielle Teile wären. Für unsere Problematik sind zu unterscheiden:

3.211 drei Arten von Ganzheiten.

1 3.212 *Reale Ganzheiten* sind in der Außenwelt, also bewußtseinsunabhängig, existierende Gegenstände, z. B. physische Körper und

deren Prozesse, Lebewesen, denkende und wollende Wesen. Die Scholastik sprach vom totum per se im Gegensatz zum totum per accidens (s. 3.213). Das können natürliche Gebilde sein wie ein Baum oder ein Pferd; aber auch künstliche Gebilde wie ein Haus oder eine Maschine. Solche Gegenstände können in echte Teile zerlegt werden, können auseinandergenommen werden. Eine solche *Zerteilung*, partitio, löst das Ganze auf. Nach der Teilung sind nur die Teile real vorhanden, das Ganze besteht nur noch potentiell daneben.

3.213 Einen Sonderfall solcher realer Ganzheiten stellen *Kollektionen* dar: sie sind eine Zusammenfassung gleichartiger Dinge, die auch für sich als Ganzheiten Bestand haben können; die Zusammenfassung kann im Beieinandersein in einem Raum-Zeit-Intervall bestehen, aber auch in Bindungen durch Abstammung, Kommandogewalt, juristische Beziehungen usf. So ist ein Wald eine raum-zeitliche Kollektion von Bäumen, eine Herde eine raum-zeitliche durch Leitung (Hirt) gebundene Kollektion von Tieren, eine Bibliothek eine raum-zeitliche, zweck- und besitzgebundene Kollektion von Büchern, eine Armee eine durch Kommando und Fahneneid gebundene Kollektion von Soldaten, ein Volk eine durch Abstammung, Geschichte, Sprache gebundene Kollektion von Menschen. Es kann sich jedoch auch um eine mehr oder weniger zufällig zusammengekommene Gesamtheit handeln, ein totum per accidens, wie z. B. die Zuhörerschaft einer Vorlesung, der Inhalt eines Gewächshauses oder eines Koffers.

Kollektionen können wie 3.212 durch Partition aufgeteilt werden, was ihre Auflösung bewirkt. Es kann hier jedoch eine Einteilung in untergeordnete Kollektionen geben, neben der das Ganze bestehenbleibt. Man spricht dann von *Gliederung.* So gliedert sich z. B. eine Armee in Divisionen, Regimenter, Bataillone, Kompanien; ein Volk kann in einzelne Stämme gegliedert sein; eine Bibliothek in Abteilungen und Unterabteilungen.

3.214 Das Ganze kann etwas primär Sprachliches sein, dessen Einheit in einem gedanklichen Zusammenhang besteht. Das kann sich natürlich auf Außersprachliches beziehen, doch es geht bei der einzuteilenden Ganzheit gerade nicht um die Sachverhaltskomplexe selbst, sondern um ihre *sprachliche Darstellung*. Beispiele für solche Ganzheiten wären: eine Rede, eine Abhandlung, der Inhalt eines Buches. Die Einteilung solcher Gebilde nennt man *Disposition.* Die Disposition pflegt sich nicht auf bloße Einteilung zu beschränken, sie stellt meist auch schon eine gewisse Ordnung dar und wird deshalb im Zusammenhang mit dieser später behandelt.

3.215 Es gibt noch eine vierte Art von Ganzheiten, die zwar sprachlich ausgedrückt werden können, sich auf die Wirklichkeit beziehen können, ohne jedoch eins von beiden primär zu sein. Ihre Einheit ist logischer Art: das sind die *Begriffe*. Die Einteilung des Inhaltes eines Begriffes in seine Bestandteile wird durch die Definition geleistet, die oben ja schon behandelt wurde. Die Einteilung des Umfanges eines Begriffes, seiner Extension, auch Klasse oder Menge genannt, nennt man auch *Klassifikation*. Mit dieser befaßt sich die Lehre von der Einteilung hauptsächlich.

3.22 Ein zweiter Aspekt der Einteilung ist der *Einteilungsgrund*, das fundamentum divisionis oder auch die ratio divisionis, der Gesichtspunkt, unter dem die Einteilung erfolgt, gewissermaßen der Regulator für die Einteilung. Jede Einteilung kann nur nach einem Einteilungsgrund erfolgen. Sind mehrere verschiedene Einteilungsgründe da, dann ergibt sich für jeden jeweils auch eine eigene Einteilung. Die Einteilungsgründe lassen sich unterscheiden in:

3.221 äußere (unwesentliche, akzidentelle) Einteilungsgründe.

Solche müssen deshalb nicht unwichtig sein. So wäre die Einteilung der Bücher einer Bibliothek nach ihrem Format sicherlich ein äußerer Einteilungsgrund. Doch für große Bibliotheken hat sich dieser Gesichtspunkt als sehr wichtig erwiesen zur Raumeinsparung. Die Einteilung von Nahrungsmitteln nicht nach Nährwert oder Vitamingehalt, sondern lediglich nach dem Gehalt an Kohlehydraten mag nicht wesentlich sein, doch ist sie lebenswichtig für Zuckerkranke. Dagegen scheint die Einteilung von Dreiecken nach ihrem Flächeninhalt und von Autofahrern nach ihrer Haarfarbe ebenso unwesentlich wie unwichtig zu sein.

3.222 Innere (wesentliche) Einteilungsgründe wären z. B. der Inhalt der Bücher für die Einteilung einer Bibliothek in Bücher zur Unterhaltung, Sachbücher, wissenschaftliche Bücher und Jugendbücher. Für Dreiecke könnte sowohl das Seitenverhältnis (gleichseitig, gleichschenklig, ungleichseitig) wie die Winkelgröße (spitzwinklig, rechtwinklig, stumpfwinklig) ein innerer, wesentlicher Einteilungsgrund sein.

3.23 Der dritte Aspekt der Einteilung ergibt sich durch die *Einteilungsglieder*, die membra divisionis.

3.231 Nach der Anzahl der Einteilungsglieder ergeben sich folgende Arten der Einteilung:

Bei zwei Einteilungsgliedern handelt es sich um die Dichotomie. Diese ist am einfachsten zu erhalten, indem man zur einen Abteilung alle Teile tut, auf die ein bestimmter Einteilungsgrund zutrifft und in die andere Abteilung alles, auf das dieser Grund nicht zutrifft. So erhält man zugleich eine „strenge Dichotomie“, bei der die beiden Abteilungen die Gesamtheit des Einteilungsganzen ausschöpfen, so wie eine Menge und ihr Komplement zusammen die Allmenge ergeben. Voraussetzung ist allerdings, daß der Einteilungsgrund hinreichend präzise definiert ist. Wenn z. B. „schwimmen können" heißt, „sich mindestens 5 Minuten aus eigener Kraft über Wasser halten können", dann lassen sich die Schüler einer Klasse streng dichotomisch in „Schwimmer" und „Nichtschwimmer" einteilen. Entsprechend teilt man die chemischen Elemente ein in Metalle und Nichtmetalle; die Kunden eines genossenschaftlichen Unternehmens sind teils Mitglieder, teils Nichtmitglieder; Vielecke sind teils regelmäßig, teils unregelmäßig.

Bei drei Einteilungsgliedern spricht man von Trichotomie, bei vier von Tetratomie, bei fünf von Pentatomie, bei sechs von Hexatomie. Alle Einteilungen mit mehr als zwei Gliedern heißen Polytomien.

3.232 Nach ihrer Relevanz unterscheidet man essentielle (wesentliche), integrale und irrelevante Teile: fehlt ein essentieller Teil, ist das Ding nicht mehr das, was es eigentlich ist (ohne Stamm wäre der Baum kein Baum, ohne Motor gäbe es kein Automobil); ohne einen integralen Teil bleibt der Gegenstand als solcher zwar erhalten, wäre aber erheblich beeinträchtigt (ohne Hand bleibt der Mensch noch Mensch), der Verlust eines irrelevanten Teiles wäre unerheblich (der Verlust des Haupthaares ist unwesentlich für den Menschen). Sind die Einteilungsglieder von gleicher Relevanz, spricht man von homogener Einteilung, sonst von inhomogener Einteilung.

3.233 Bei der Einteilung im engeren Sinne, der Einteilung eines Begriffsumfanges, der Klassifikation, untersuchte man früher nur die Einteilungen in Gattungen und Arten. Die moderne Logik jedoch lehrt uns, daß man bei Mengen (bzw. Klassen) zwei Arten von Teilen unterscheiden muß, die Teilmengen (Teilklassen) z. B. L von M, wenn gilt $L \subset M$ und das Element-sein von a im Falle $a \in M$. Beide wurden lange konfundiert, sollten aber streng unterschieden werden.

3.2331 Der Subsumptor hat folgende Eigenschaften:

3.23311 $\vdash K \subset L \wedge L \subset M \rightarrow K \subset M$ transitiv,

3.23312 $\vdash K \subset K$ reflexiv,

3.23313 $\vdash K \subset L \wedge K \neq L \rightarrow \overline{L \subset K}$ asymmetrisch.

3.2332 Der Elementator hat die Eigenschaften:

3.23321 $\vdash a \in K \wedge K \in L \rightarrow \overline{a \in L}$ intransitiv,

3.23322 $\vdash a \in a$ irreflexiv,

3.23323 $\vdash a \in K \rightarrow \overline{K \in a}$ asymmetrisch.

3.2333 Es gilt ferner, daß die Gesamtheit der Elemente wieder die Klasse ergibt, daß die Gesamtheit aller Teilklassen aber mehr ergibt als die Klasse. Statt der oft gehörten Redensart: „Das Ganze ist mehr als die Summe seiner Teile" gilt also im Gegenteil: „Die Summe aller Teile ist mehr als das Ganze." Das kann man sich schon an einer Klasse mit zwei Elementen [*a*, *b*] klarmachen: sie hat als unechten Teil einmal sich selbst, sodann die Teilklassen [*a*] und [*b*] und schließlich noch die Nullklasse, insgesamt also vier Teilklassen. Ganz allgemein gilt für eine Klasse K, wenn K_T die Summe ihrer Teilklassen bezeichnet:

3.23331 $$K_T = 2^K$$

Eine Klasse mit 5 Elementen hätte also bereits 32 Teilklassen!

Das gilt auch für unendliche Mengen: Die abzählbare Menge $\aleph_0$ (Menge der natürlichen Zahlen) hat als Menge ihrer Teilmengen eine Menge mit der Mächtigkeit $2^{\aleph_0}$. Die sog. Potenzmenge einer Menge mit der Mächtigkeit $\aleph_0$ hat also eine größere Mächtigkeit als $\aleph_0$. Es gibt also Stufen des Unendlichen.

3.234 Demgegenüber wollen wir bei realen Ganzheiten (vgl. 3.213) die Einteilungsglieder „echte Teile" nennen, bezeichnet mit *Te*. So ist z. B. der menschliche Körper eine reale Ganzheit, an der wir Glieder oder Teile unterscheiden können. Und auch ein Blatt Papier läßt sich in Teile einteilen, sogar auf verschiedene Weise: wir können es senkrecht, können es waagerecht oder auch diagonal unterteilen. Wenn wir uns für eine bestimmte Teilung entschieden haben, können wir nicht mehr die andere vornehmen. Wollen wir das Ganze *seinen* Teilen gegenüberstellen, müssen wir uns also an *eine* bestimmte Einteilung halten. Dabei gilt, daß die Teile der Teile keineswegs immer als Teile des Ganzen gelten. Beispiel: Eine Bibliothek enthält ihre Bücher als Teile. Die Teile der Bücher sind Blätter — aber die Blätter sind als solche keine Teile der Bibliothek.

Te hat wiederum andere Eigenschaften als der Elementator $\in$ und der Subsumptor $\subset$:

3.2341 $\vdash a\,Te\,b \wedge b\,Te\,c \rightarrow a\,Te\,c$ partimtransitiv,

3.2342 $\vdash a\,Te\,b \rightarrow \overline{b\,Te\,a}$ asymmetrisch,

3.2343 $\vdash \overline{a\,Te\,a}$ irreflexiv.

Bei jeder Einteilung sollte man sich also zuerst fragen, ist das totum dividendum eine reale Ganzheit oder Kollektion: diese werden in echte Teile eingeteilt. Bei Begriffsumfängen (Mengen, Klassen) sollte weiter gefragt werden, ob die Elemente der Menge oder deren Teilmengen Einteilungsglieder sein sollen.

Am häufigsten hat die Einteilung zum Ziele, eine Gattung in Arten einzuteilen. Das bedeutet, daß eine Menge in Teilmengen einzuteilen ist, wobei allerdings nur echte Teilmengen gefragt sind, d. h. Teilmengen, die ungleich der einzuteilenden Menge selbst sind. Jede Menge mit mehr als zwei Elementen läßt sich auf mehrere Weisen in Teilmengen zerlegen.

Beispiele: Die Menge der Menschen läßt sich einteilen:

1. nach dem Geschlecht: in männliche und weibliche;
2. nach der Hautfarbe: in weiße, gelbe, schwarze, rote, braune;
3. nach der Religion: in Christen, Juden, Mohammedaner, Hindus, Buddhisten, Ahnenkulte, sonstige Heiden, Atheisten;
4. nach dem Verhältnis zum Tabak: in Raucher, Schnupfer, Tabakkauer, solche, die kein Nikotin konsumieren;
5. nach der Fähigkeit, sich über Wasser zu halten: in Schwimmer, Nichtschwimmer;
6. nach dem Familienstand: in Verheiratete, Verwitwete, Geschiedene und Ledige;
7. nach dem Alter: in Kinder, Jugendliche, Erwachsene und Greise;

Die Pflanzen lassen sich einteilen in:

1. Einzeller, Kräuter, Sträucher, Bäume;
2. in einjährige, zweijährige, mehrjährige;
3. in eßbare, giftige, ungenießbare, Genußpflanzen, Heilpflanzen;

3.235 Eine Einteilung heißt vollständig, wenn alle Glieder zusammen wieder das Ganze ergeben; andernfalls ist die Einteilung unvollständig. Beispiele: vollständig sind die Einteilungen der Dreiecke in: spitzwinklig, rechtwinklig, stumpfwinklig; der Pflanzen in: Phanerogamen und Kryptogamen; der Gliedertiere in: Insekten, Tausendfüßler, Spinnentiere, Krebse; der Soldaten in: Mannschaften, Unteroffiziere; Offiziere; unvollständig sind die Einteilungen: der Studenten in: Juristen, Mediziner, Theologen, Naturwissenschaftler; der Wirbeltiere: in Säugetiere, Reptilien, Amphibien, Fische; der Kegelschnitte in: Kreis, Ellipse, Hyperbel; der Arbeitnehmer in: Arbeiter, Beamte;

3.236 Nebeneinteilung — Untereinteilung.

3.2361 Wird ein Ganzes nach mehreren Einteilungsgründen eingeteilt, so erhält man Nebeneinteilungen (codivision). Diese Nebeneinteilungen können sich kreuzende Einteilungen ergeben. Ergibt bei Nebeneinteilungen der erste Einteilungsgrund m Einteilungsglieder, der zweite n, so ergeben sich $m \times n$ Einteilungsglieder aus der Kreuzung. Beispiele: Wird für Beschäftigte im öffentlichen Dienst als Einteilungsgrund das Geschlecht genommen, so ergeben sich zwei Einteilungsglieder, wird die Beschäftigungsart genommen, so ergeben sich drei Einteilungsglieder (Arbeiter, Angestellte, Beamte). Insgesamt ergibt die sich kreuzende Einteilung dann sechs Glieder:

Urteile unterscheidet man nach der Quantität in partikuläre und universelle Urteile, nach der Qualität in positive und negative. Die Kreuzung beider Einteilungsgründe ergibt folgendes Schema:

	partikulär	universell
positiv	*i*	*a*
negativ	*o*	*e*

so ergeben sich die vier klassischen Urteilsarten:

partikulär-positiv: *i*,
universell-positiv: *a*,
partikulär-negativ: *o*,
universell-negativ: *e*.

Bei größeren Schemata empfiehlt sich die Index-Methode:

$$a_{11} \quad a_{12} \quad a_{13} \quad a_{14} \quad \ldots$$
$$a_{21} \quad a_{22} \quad a_{23} \quad a_{24} \quad \ldots$$
$$a_{31} \quad a_{32} \quad a_{33} \quad a_{34} \quad \ldots$$

Die erste Zahl des Index gibt die waagerechte Reihe an, die zweite die senkrechte Spalte. Es sind bei dieser Methode auch mehrfache Kreuzungen durch mehrstellige Indizes möglich: z. B. bei vier Einteilungsgründen: $a_{k,\, l,\, m,\, n}$;

3.2362 Wird nun ein Einteilungsglied nochmals einer Einteilung unterworfen, spricht man von einer Untereinteilung oder Subdivision. Es ist dabei durchaus nicht nötig, daß alle Glieder weiter unterteilt werden oder daß alle nach dem gleichen Einteilungsgrund unterteilt werden.

Bei Unterteilungen oder sich kreuzenden Einteilungen kann sich ergeben, daß eine der sich so ergebenden Teilmengen leer ist.

Beispiel: Wenn Dreiecke nach dem Einteilungsgesichtspunkt der Seiten und der Winkel eingeteilt werden, so ergibt sich folgendes Schema:

	gleichseitig	gleichschenklig	ungleichseitig
spitzwinklig	×	×	×
rechtwinklig	—	×	×
stumpfwinklig	—	×	×

Die sich kreuzende Einteilung ergibt also, daß die Menge der rechtwinklig-gleichseitigen Dreiecke und die Menge der stumpfwinklig-gleichseitigen Dreiecke leer ist.

3.24 Regeln für die Einteilung:

3.241 Die Einteilung sei vollständig. Alle Glieder zusammen sollen das Ganze wieder ergeben. Dagegen verstoßen zu enge oder zu weite Einteilungen.

3.242 Die Einteilungsglieder sollen sich nicht gegenseitig enthalten oder überschneiden.

3.243 Die Einteilung geschehe in unmittelbare Glieder, d. h. es sollen keine Glieder übersprungen werden.

3.244 Bei der einfachen Einteilung sollen sich die Glieder aufgrund eines einheitlichen Einteilungsgrundes ergeben.

3.3 Vergleich

3.31 Unter Vergleich versteht man das Inbeziehungsetzen von zwei (oder mehr) begrifflich erfaßten Gehalten zur Feststellung ihrer Identität, ihrer Gleichheit, ihrer Ähnlichkeit oder Verschiedenheit. Handelt es sich um mehr als zwei Vergleichsglieder, so sind diese paarweise miteinander zu vergleichen. Es bleiben also zwei *Vergleichsglieder* und

3.32 der *Vergleichsmaßstab*, das sog. tertium comparationis oder Vergleichskriterium. Das ist eine physische oder logische Beschaffenheit, die Grundlage des Vergleichs ist. Zwei Vergleichsglieder können mit Hilfe verschiedener Vergleichsmaßstäbe mehrfach verglichen werden. Es ergeben sich u. a. folgende Fälle:

3.321 Ist der Vergleichsmaßstab Identität oder Gleichheit, so kann nur das Zutreffen oder Nicht-Zutreffen von Identität bzw. Gleichheit Ergebnis des Vergleichs sein (siehe dazu 2.435).

3.322 Ist die Ähnlichkeit (siehe 2.6951 und 2.6952) gefragt, so kann es Abstufungen geben: Die Ähnlichkeit kann mehr oder weniger groß sein.

3.323 Ist eine quantifizierbare Eigenschaft der Vergleichsmaßstab, so kann das Ergebnis des Vergleichs die Angabe sein, welches Vergleichsglied die Eigenschaft mehr besitzt (größer, schwerer, heller, intelligenter usf.) oder auch die Angabe des Unterschiedes in Maßeinheiten (*A* ist 5 cm höher gesprungen als *B*).

3.324 Jede Einteilung aufgrund eines Einteilungsgrundes liefert zugleich einen Vergleich für die Einteilungsglieder: Der Einteilungsgrund kann zum Vergleichsmaßstab werden.

3.325 In bezug auf den Umfang ergibt der Vergleich zweier Begriffe (bei Ausschluß von Null- und Allklasse) genau 7 Möglichkeiten:

3.3251 $K = L$ Gleichheit (z. B. gleichseitige Dreiecke und gleichwinklige Dreiecke)

3.3252 $K \subset L$ Inklusion (Quadrate — Rechtecke)

3.3253 $K \supset L$ Umschließung (Zahlen — Primzahlen)
3.3254 $K \between L$ Überschneidung (Schachspieler — Brillenträger)
3.3255 $K' \subset L$ Komplementsinklusion (Nichtquadratische Flächen — Parallelogramme)
3.3256 $K \subset L'$ Inklusion im Komplement (Insekten — Wirbeltiere)
3.3257 $K = L'$ Gleichheit mit Komplement (Linien — Nicht-Eindimensionales)

3.4 Ordnung

Während in einer Menge die Elemente beliebig angeordnet sein können, bilden in der Folge die einzelnen Elemente der Menge eine Reihe. Ein Einteilungsgrund, der eine gewisse Folge der Einteilungsglieder ergibt, stiftet damit zugleich eine Ordnung.

3.41 Diese Ordnung kann *sachlich* bestimmt sein, wenn der Einteilungsgrund ein bestimmtes Ordnungsprinzip liefert, z. B. eine zeitliche Ordnung, wenn ich Schüler nach Altersstufen einteile, oder eine genetische Ordnung, wenn ich die Entwicklungsphasen eines Insektes betrachte: Seidenraupe, Kokon, Seidenspinner. Ist der Aggregatzustand der Einteilungsgrund, so bietet der Zustand mit steigender Temperatur betrachtet die Ordnung: fest, flüssig, gasförmig.

3.42 Die Ordnung kann aber auch *psychologisch,* besser didaktisch bestimmt sein, wenn ich die Ordnung nicht primär vom Gegenstand her aufbaue, sondern von der leichteren Faßlichkeit für das Verständnis dessen, dem diese Ordnung präsentiert wird. Beispiel: Eine Getränkekarte unterscheidet kalte und warme Getränke (Milch, Eiskaffee — Grog).

Die Einteilung des Stoffes für den Geschichtsunterricht erfolgt in Unterstufe, Mittelstufe, Oberstufe.

Bücher werden eingeteilt in solche zur Unterhaltung, in populäre Darstellungen, in Fachbücher und Jugendbücher.

Pflanzen lassen sich einteilen in Kräuter, Sträucher, Bäume.

Tiere werden so eingeteilt in: Landtiere, Wassertiere, Flugtiere.

3.43 Eine Ordnung im strengen Sinne beruht stets auf einer Ordnungsrelation. Das ist eine Beziehung mit folgenden strukturellen Eigenschaften:

3.431 $\vdash x\,Or\,y \wedge y\,Or\,z \rightarrow x\,Or\,z$ transitiv,
3.432 $\vdash x\,Or\,y \rightarrow \overline{y\,Or\,x}$ asymmetrisch,
3.433 $\vdash x\,Or\,y \vee y\,Or\,x$ konnex,
3.434 $\vdash \overline{x\,Or\,x}$ irreflexiv.

Beispiele für solche Ordnungsrelationen wären: größer als, älter als, kleiner als, jünger als, schwerer als, leichter als, teurer als, billiger als, wahrscheinlicher als.

3.435 Ordnungsrelationen bilden Reihen. Wenn R eine Ordnungsrelation ist, dann ist auch stets $\breve{R}$, die Konverse von R, eine Ordnungsrelation. In der Logik werden Ordnungsrelationen auch durch *ser* bezeichnet; das soll an das lateinische series (Reihe) erinnern. Das einfachste Beispiel ist die Ordnungsrelation „Nachfolger von", die die Reihe der natürlichen Zahlen bildet.

3.436 Nun gibt es allerdings auch *mehrdimensionale Ordnungen.* Das einfachste Beispiel, auf das gewöhnlich alle anderen abgebildet werden, sind die Punkte einer Ebene, die im cartesianischen Koordinatensystem durch zwei Koordinaten bestimmt sind. Entsprechend könnte man etwa die Schüler einer Klasse mit einer zweidimensionalen Ordnung zugleich nach Größe und Gewicht ordnen. Sofern als Maßzahlen jeweils nur ganze Zahlen zugelassen sind, läßt sich eine zweidimensionale Ordnung auf eine eindimensionale abbilden, indem man z. B. die beiden Zahlen als Nenner und Zähler eines Bruches auffaßt.

Anwendungsbeispiele zweidimensionaler Ordnungen bieten viele statistische Kurven, z. B. eine Fieberkurve oder auch eine Kurve, die den Zusammenhang zwischen Tageshöchsttemperatur und der Menge verkauften Eiscremes darstellt.

Bei solchen zweidimensionalen Ordnungen ergeben sich für die Zuordnung der Maßgrößen aus den beiden Bereichen vier Möglichkeiten:

3.4361 Beide Größen können eineindeutig einander zugeordnet sein: zu jedem Wert der x-Achse gibt es höchstens einen Wert der y-Achse, und zu jedem Wert der y-Achse gibt es höchstens einen Wert der x-Achse. Verläuft die Kurve stetig, heißt das, daß sie entweder kontinuierlich fällt oder steigt; sie kann sich nicht auf- und abbewegen. Beispiele: bei einem bestimmten Druck hat eine konstante Gasmenge konstanter Temperatur stets eineindeutig ein bestimmtes Volumen; bei konstanter Temperatur, konstantem Material und konstantem Querschnitt hat ein elektrischer Leiter je nach Länge eindeutig einen bestimmten elektrischen Widerstand.

3.4362 Zweitens kann die Zuordnung einmehrdeutig sein: einem bestimmten Wert der x-Achse können zwar mehrere Werte der y-Achse entsprechen, es müssen aber nicht mehrere sein. Doch zu einem gegebenen Wert der y-Achse gibt es höchstens einen Wert der x-Achse. Beispiel: eine bestimmte Menge verkauften Eiscremes ist nicht eindeutig an eine bestimmte Temperatur gebunden, sie kann vielmehr bei mehreren Temperaturen erreicht werden; früh im Jahre und an

Sonntagen reicht eine geringere Tageshöchsttemperatur dafür aus; später im Jahr und an Werktagen wird die gleiche Menge erst bei höherer Temperatur erreicht.

3.4363 Drittens kann die Zuordnung mehreindeutig sein: zu mehreren Werten auf der x-Achse ergibt sich der gleiche Wert auf der y-Achse. Beispiel: an mehreren Meßterminen kann ein Patient die gleiche Temperatur, die gleiche Pulszahl, die gleiche Atmungsfrequenz erreichen.

3.4364 Die Zuordnung kann mehrmehrdeutig sein: zu einer Reihe von Punkten der x-Achse finden sich mehrere Werte der y-Achse und umgekehrt: Ich erhalte eine Menge verstreuter Punkte. Trage ich z. B. für 500 Arbeiter einer Maschinenfabrik das Körpergewicht in kg in Richtung der y-Achse und das Lebensalter in Jahren in Richtung der x-Achse ein, so erhalte ich eine Ansammlung von Punkten, die zumindest in einem mittleren Bereich ziemlich regelmäßig verteilt ist. Trage ich dagegen bei 500 Todesfällen einer Stadt das erreichte Körpergewicht in Richtung der y-Achse und das erreichte Lebensalter in Richtung der x-Achse ein, so erhalte ich eine Punktstreuung, die jedoch eine gewisse Verdichtung zeigt, und diese verdichtete Streuung zeigt fallende Tendenz.

Die evtl. Konstruktion von Kurven zu gestreuten Meßergebnissen gehört ins Gebiet der mathematischen Statistik.

Werden drei Ordnungen miteinander verbunden, so läßt sich das Ergebnis, wenn die dritte Dimension nur geringe Schwankungsbreite hat, in einer Fläche graphisch darstellen, wenn man durch die Dicke der Kurve oder wechselnde Färbung die dritte Dimension andeutet. Sonst helfen bei drei und mehr Dimensionen nur Tabellen mit den Meßwerten. Einzelne Fall-Ergebnisse a kann ich dann durch die entsprechende Anzahl von Indizes für den Meßwert jeder Dimension kennzeichnen. So würde z. B. $a_i, a_j, a_k, a_l, a_m, a_n, a_p, a_q, a_r$ bedeuten können: der Ort a mit der geographischen Länge i, der geographischen Breite j hat zur Uhrzeit k am l. Tage des Jahres die Temperatur m, den Luftdruck n, die Luftfeuchtigkeit p, die Windrichtung q und die Windstärke r.

3.5 Dispositionsschema

Eine Disposition bzw. das Schema einer Klassifikation mit jeweils mehreren Nebeneinteilungen und Untereinteilungen sollte der Übersichtlichkeit halber mit einem Zeichenschema versehen werden, aus dem sich die Struktur wiederholter Neben- und Untereinteilungen ersehen läßt. Früher ging man dabei oft so vor, daß für Nebeneinteilungen erster Ordnung die großen Buchstaben A, B, C, D ... benutzt wurden. Jeder dieser Abschnitte konnte dann durch die römischen Zahlen I, II, III, IV ... unterteilt werden; die nächste Unterteilung wurde durch arabische Zahlen gekennzeichnet: 1, 2, 3, 4, 5, ... Darauf folgten die kleinen Buchstaben a, b, c, d, e, ... Wenn weitere Unterteilungen nötig waren, nahm man die kleinen griechischen Buchstaben α, β, γ, δ, ε, ζ, η, ϑ, ... darauf die hebräischen Buchstaben א, ב, ג, ד ...(Aleph, Beth, Gimel, Daleth ...), sodann griechische Buchstaben-Paare: αα, αβ, αγ, αδ, als nächstes βα, ββ, βγ, usf. Es ergäbe sich also z. B. ein Schema (siehe Seite 96).

Die Gliederung des Stoffes ist damit zwar gut durchführbar, doch die Darstellung ist nicht besonders übersichtlich, zumal gelegentlich auch anders vorgegangen wird, etwa wird die Reihenfolge der Einteilungen angedeutet durch: I1Aa.

Um einen bestimmten Abschnitt leichter auffinden zu können, wird deshalb neben einer solchen inhaltlichen Gliederung eine durchgehende Numerierung kleiner Stücke etwa nach Paragraphen vorgenommen. Diese Paragraphen kann man dann in Absätze und Sätze einteilen. Statt Paragraph sagt man gelegentlich (in Verfassungen z. B.) auch Artikel. Sollen nachträglich Paragraphen eingeschoben werden, müßte ja nun die ganze Numerierung geändert werden. Das vermeidet man durch Bezeichnungen wie § 14 a, § 14 b usf. „14 a" ist also nicht eine Unterteilung von „14", sondern ein gleichgeordneter Teil, der zwischen „14" und „15" eingeschoben worden ist. In der Schweizer Bundesverfassung sagt man „14 bis", „14 ter".

Theaterstücke werden traditionsgemäß in Akte oder Aufzüge und Szenen oder Auftritte eingeteilt. Bei Werken, die viel zitiert werden, ist eine genaue Einteilung sehr wichtig. Man teilt etwa die Bibel in sog. Bücher, Kapitel und Verse ein, die numeriert werden, und kann längere Verse noch durch a, b, c für Sätze oder Nebensätze einteilen. Durchweg üblich ist es, die Kapitel mit römischen, die Verse mit arabischen Zahlen zu bezeichnen. Bei griechischen Werken, z. B. denen des Aristoteles, werden die einzelnen Bücher, z. B. der Metaphysik, mit großen griechischen Buchstaben bezeichnet. Daneben werden dann die Seitenzahlen und Spalten einer Standardausgabe angegeben; bei Aristoteles dient als Grundlage die berühmte Ausgabe von Bekker. Die kleinen scholastischen Werke sind in Kapitel, die großen Summen in Bücher, Traktate, Quaestionen und Artikel eingeteilt, und innerhalb dieser werden Gründe, Gegengründe, Widerlegungen jeweils numeriert.

Wenn Immanuel Kants ›Kritik der reinen Vernunft‹ mit „A" oder „B" zitiert wird, sind damit nicht Abschnitte, sondern die erste Auf-

3.51 A
- I
  - 1
  - 2
- II
  - 1
  - 2
  - 3
    - a
    - b
  - 4
- III
  - 1
    - a
      - α
      - β
  - 2
- IV

B
- I
- II
  - 1
    - a
    - b
      - α
        - א
        - ב
      - β
      - γ
  - 2
    - a
    - b
- III

C
- I
- II
  - 1
  - 2

lage von 1781 bzw. die zweite Auflage von 1787 gemeint. Die Gliederung ist sehr eingehend — doch man zitiert bei Kant nach der Paginierung der ersten Ausgaben.

3.52 Als brauchbarste Darstellung einer Einteilung hat sich die 1876 von Melvil Dewey (1851—1931) erfundene *Dezimalklassifikaion* bewährt, die vor allem durch Werke der modernen Logik bekanntgeworden ist, etwa die ›Principia Mathematica‹ von Bertrand Russell und Alfred North Whitehead oder den ›Tractatus Logico-Philosophicus‹ von Ludwig Wittgenstein. Dewey hatte für die Ordnung seiner Bibliothek zehn Hauptgruppen:

0 Allgemeines — Lexika — Bibliothekswesen
1 Philosophie
2 Religion
3 Recht, Soziales, Wirtschaft
4 Sprachwissenschaften
5 Mathematik und Naturwissenschaften
6 angewandte Wissenschaften: Medizin, Technik, Landwirtschaft
7 Kunst
8 Literatur
9 Geschichte und Geographie

Ich möchte dieses System, das in etwa für die Einteilung des Stoffes dieses Buches dient, erläutern am Beispiele einer Einteilung der Philosophie:

Innerhalb des Gebietes Philosophie kann man die „1“ für das Gebiet Philosophie an der Spitze weglassen.

0. Allgemeines:
0.0 Bibliographie der Philosophie
0.1 Einführungen in die Philosophie
0.2 Philosophische Lexika
0.3 Allgemeines zu Bedeutung, Aufgaben, Wesen der Philosophie
1. Geschichte der Philosophie
1.1 Antike Philosophie
1.11 Chinesische Philosophie
1.12 Indische Philosophie
1.13 Griechische Philosophie
1.131 Vorsokratiker
1.1311 Jonische Naturphilosophie
1.13111 Thales von Milet
1.13112 Anaximander
1.13113 Anaximenes
. . . . . .

1.132 Attische Philosophie
1.1321 Sokrates
1.1322 Platon
1.1323 Aristoteles
......
1.133 Hellenistisch-Römische Philosophie
1.134 Neuplatonismus
......
1.14 Philosophie der Patristik
1.2 Mittelalterliche Philosophie
1.21 arabische Philosophie
1.22 jüdische Philosophie
1.23 Scholastik
1.231 Vorscholastik
1.232 Frühscholastik
1.2321 Anselm von Canterbury
1.2322 Petrus Abaelardus
......
1.233 Hochscholastik
1.2331 Albertus Magnus
1.2332 Thomas von Aquin
1.2333 Bonaventura
1.2334 Petrus Hispanus
......
1.234 Spätscholastik
1.2341 Wilhelm von Ockham
......
1.3 Neuere Philosophie
1.31 Übergangszeit
1.311 Nikolaus von Cues
1.312 Ludwig Vives
......
1.32 Empirismus
1.321 Francis Bacon
......
1.33 Rationalismus
1.331 René Descartes
1.332 Leibniz
1.333 Wolff
......
1.34 Kant und Kritizismus

1.35 Deutscher Idealismus
1.351 Fichte
1.352 Schelling
1.353 Hegel
......
1.36 Bolzano
1.37 Schopenhauer
......
1.4 Philosophie des 20. Jahrhunderts
1.41 Phänomenologie
1.42 Neue Logik
1.43 Neo-Positivismus
1.44 Neue Ontologie
1.45 Existentialismus
1.46 Dialektischer Materialismus
1.47 Pragmatismus
......
2. Systematische Philosophie
2.0 Lehrbücher der Philosophie
2.1 Metaphysik, Ontologie
2.2 Erkenntnistheorie
2.3 Logik und Methodologie
2.4 Wissenschaftstheorie
2.5 Ethik
2.6 Anthropologie
3. Spezielle Philosophie
3.1 Naturphilosophie
3.11 Kosmologie
3.12 Philosophie des Anorganischen
3.13 Philosophie des Organischen
3.2 Philosophie der Mathematik
3.3 Sprachphilosophie
3.4 Geschichtsphilosophie
3.5 Kulturphilosophie
3.6 Rechts- und Sozialphilosophie
3.7 Philosophie der Technik
3.8 Philosophie der Kunst, Ästhetik
......

Nachdem wir nun die formalen Methoden der Definition, Einteilung und Ordnung kennengelernt haben, ergibt sich die Frage, wie gewinnen wir Material, das wir ordnen können. Damit befaßt sich die

4. HEURISTIK

4.0 Vorbemerkung

Unter Heuristik verstehen wir die Lehre von den Methoden der Auffindung wissenschaftlicher Erkenntnisse. Das ist in jeder Wissenschaft anders; weshalb wir hier nur einiges kurz in groben Zügen andeuten können.

4.1 Die Beobachtung

Unter Beobachtung, die als erstes zu nennen wäre, verstehen wir die Wahrnehmung mit gezielter Aufmerksamkeit. Bei der Beobachtung geht die Aufmerksamkeit zudem nicht nur auf das Ganze, sondern auch auf die Einzelheiten und ihren Zusammenhang. Vor allem für die Psychologie wichtig ist die Unterscheidung von Selbstbeobachtung und Fremdbeobachtung. Durch die moderne Physik ist das Problem aktuell geworden, wie weit die Beobachtung das Beobachtete bereits verändern kann. Durch die Benutzung von Apparaten und Instrumenten wird die direkte Beobachtung zur indirekten Beobachtung. Hier entsteht das neue Problem, wie weit die Beschaffenheit der Apparate und Instrumente die Beobachtung bereits in eine bestimmte Richtung festlegt. Ferner sollte man stets von vornherein Überlegungen anstellen, wie groß evtl. objektive, quantitative Beobachtungsfehler sein können. Die Differentialrechnung bietet dann Methoden, die Auswirkung evtl. Beobachtungsfehler auf das Ergebnis zu berechnen.

Subjektive Beobachtungsfehler sind:

1. Unaufmerksamkeit oder Ablenkung der Aufmerksamkeit auf Unwesentliches.
2. Übersehen wichtiger, insbesondere quantitativer Merkmale.
3. Ungeschickte Gliederung der Beobachtung (häufig durch sprachlich bedingte Vorurteile beeinflußt).
4. Vorgabe, mehr zu sehen, als tatsächlich beobachtet wurde (indem man es vermengt mit dem, was man vermutet oder erschließt), z. B.: „ich sah, wie sich der Wurm vor Schmerz krümmte".

4.2 *Das Experiment*

Ein Experiment liegt vor, wenn ich beobachte, was unter Schaffung oder Veränderung bestimmter Umstände geschieht. Poetisch sagt man auch: „Das Experiment ist eine Frage an die Natur."

Es können Einzeltatsachen durch ein bestimmtes Experiment beobachtet werden, es können durch die *Differenzmethode*, d. h. durch fortlaufende Differenzierung der Umstände, die Vorbedingungen und Folgen von Geschehnissen beobachtet werden.

Für diese Differenzmethode gelten nach John Stuart Mill (1806 bis 1873) die beiden Regeln der Übereinstimmung und des Unterschiedes:

I. Wenn zwei oder mehrere Instanzen des zu erforschenden Phänomens nur einen Umstand gemeinsam haben, so ist dieser Umstand die Ursache oder Wirkung des gegebenen Phänomens.

II. Wenn eine Instanz, in der das fragliche Phänomen eintritt, und eine Instanz, in der es nicht eintritt, alle Umstände bis auf einen gemeinsam haben, so ist dieser die Ursache oder Wirkung des Phänomens.

Bedingung der Möglichkeit des Experimentes ist die Möglichkeit, in die zu untersuchenden Phänomene eingreifen zu können. Das Vorhandensein dieser Möglichkeit ist nicht selbstverständlich: für alle Wissenschaften, die sich auf Vergangenes beziehen oder auf Gegenwärtiges, insofern es Produkt einer Entwicklung in der Vergangenheit ist, ist die Möglichkeit von Experimenten kaum gegeben. Das erste trifft vor allem auf alle historischen Wissenschaften zu wie Geschichte, Kunstgeschichte, Wissenschafts-, Religions-, Rechts-, Philosophiegeschichte usf. Das zweite trifft zu für Wissenschaften wie Geologie, Paläontologie, pflanzliche und tierische Evolutionstheorie. In diesen beiden Gruppen von Wissenschaften können höchstens einzelne Fakten durch vergleichende Experimente gesichert werden. So kann man durch experimentelle Untersuchung der Haltbarkeit einer bestimmten Farbe bei Licht und Witterungseinflüssen das Alter eines bestimmten Gemäldes verifizieren. Durch Experimente über Mutationen kann man die Möglichkeit bestimmter Artänderungen verifizieren. Die Möglichkeit von Experimenten zu Vor- und Einzelfragen läßt jedoch die Sachlage bestehen, daß die Phänomene dieser Wissenschaften im allgemeinen nicht manipulierbar und damit durch Beobachtung, aber kaum durch Experimente erforscht werden können.

Schließlich gibt es Wissenschaften, deren Gegenstände, zumindest bisher, experimentell gar nicht beeinflußbar sind, wie z. B. die Astronomie.

Demgegenüber stehen Phänomene, die ohne entsprechende Manipulation nie beobachtbar sind, die also weitgehend nur durch Experimente erfaßbar sind. Weder die Transurane der Atomphysik noch reines Natrium oder Chlor sind in der Natur beobachtbar. Sie müssen erst experimentell geschaffen bzw. durch Analysen isoliert werden. Chemie, Physik, Physiologie sind so geradezu die klassischen experimentellen Wissenschaften.

Über Bedeutung und Geschichte des Experimentes kann man sich ausführlich unterrichten durch: Hugo Dingler, Das Experiment, München 1928.

Ich habe hier von Beobachtung gesprochen und geflissentlich das vieldeutige, viel mißbrauchte Worte „Erfahrung" gemieden.

Reine Erfahrung ist etwas ebenso Problematisches wie reine Vernunft oder reine Begrifflichkeit.

Was ist Erfahrung, wenn ich mit dem Finger eine glühende Kohle berühre? Ist es die physikalisch begründete Verbrennung an der Fingerspitze oder die psychische Empfindung des Schmerzes? Diese Streitfrage schied bereits die strengen Empiristen des Wiener Kreises in Physikalisten und Psychologisten. Immanuel Kant sagt: „All unser Wissen hebt an mit der Erfahrung, aber es stammt nicht alles aus der Erfahrung." Das soll besagen, daß wir unsere Erfahrungen (die das Spätere, a posteriori, sind) in vorgegebene Begriffsschemata (die das Frühere, a priori, sind) einordnen. So gibt uns die Verbrennung durch glühende Kohle etwa Anlaß, den Vorgang zu beschreiben als die Wirkung, die die Substanz der Kohle, behaftet mit der Qualität der Wärme, die hier durch eine sehr hohe Quantität zur Glut gesteigert ist, auf die Substanz unseres Fingers ausübt, indem sie dort die Qualität eines Schmerzes auslöst, der quantitativ von hoher Intensität ist. Sobald also die bloße Empfindung vom Verstande als Beobachtung registriert wird, benutzt er dabei ganz bestimmte Begriffe, die sich in Kategorien wie Substanz, Kausalität, Qualität, Quantität einordnen lassen. Daß bei jeder Beobachtung bereits vorhandene Begriffe mitspielen, ist wohl unbestritten: dadurch wird ja eine sinnliche Empfindung erst zu einer verstandesmäßigen Beobachtung. Ob die Kategorien des Verstandes, wie Kant lehrt, ein für allemal fest vorgegebene Verstandesschemata sind, ob man sie mit Nikolai Hartmann als historisch gewordene Denkschemata, mit Aristoteles als die obersten Genera aller Begriffe, ob man sie pragmatisch als brauchbare und zweckmäßige Setzungen oder gar als nützliche Fiktionen, ob man sie mit dem Neopositivismus als sprachlich vorgegebene Ausdrucksformen oder als bloße Konventionen betrachtet, ist dabei weniger entscheidend gegenüber der Feststellung, daß in jeder Beobachtung neben den Wahrnehmungsinhalten stets auch bestimmte, auf andere Weise erhaltene Formelemente eine Rolle spielen.

4.3 *Formelemente*

Woher diese Formelemente stammen und wie sie die Wahrheit des Erkennens beeinflussen, ist eine Frage der Erkenntnistheorie. Für uns hier unter methodologischem Aspekt ist lediglich wichtig, zu wissen, daß zur Beobachtung neben dem Inhalt formale Elemente gehören und daß diese dem Beobachtungsgegenstand angemessen sein müssen, denn: „quidquid recipitur, recipitur modo recipientis".

Was da angemessen ist, muß aus der Art des zu Beobachtenden und der betreffenden Einzelwissenschaft her bestimmt werden.

4.4 *Indizien*

Es sollte nicht übersehen werden, daß Beobachtung und Experiment nur *eine* Methode der Heuristik sind. Daneben gibt es die Sammlung von *Indizien*, von Gegenständen mit Zeichencharakter. So können Reste von Holzkohle, Erz und Schlacke Zeichen dafür sein, daß an dem betreffenden Ort Menschen gelebt haben, die bereits einfache Verhüttungsverfahren zur Gewinnung von Schmiedeeisen kannten. Finden sich in einem Grabe bei dem Bestatteten Waffen, Speisen und Getränke, so kann das ein Zeichen dafür sein, daß man an ein Weiterleben in einem „Jenseits" glaubte usf. Indizien werden erst stets durch entsprechende denkerische Verarbeitung in einer Theorie zu Indizien; Kombinationen gedeuteter Zeichen können zur Stützung von Beweisen dienen.

4.5 *Dokumente*

Von bloßen Indizien zu unterscheiden sind *Dokumente:* Kunstwerke, Urkunden, Briefe, Bücher sind objektivierter Geist, d. h. der materielle Niederschlag geistiger Leistungen. Sie bedürfen der Interpretation, der Datierung und müssen auf Echtheit geprüft werden.

4.6 *Exploration*

Besonders kompliziert wird die Lage in Psychologie und Sozialwissenschaften, wenn man sich der Methode der *Exploration* bedient: sowohl die Frage wie die Antwort sind da durch gewisse begriffliche Schemata vorgeprägt. Aber selbst wenn das berücksichtigt wird, bergen hier Reihenfolge, Formulierung, äußere Umstände der Frage Möglichkeiten für Fehlerquellen.

Beispiel: Es werden folgende vier bzw. fünf Fragen nacheinander gestellt:

1. Sind Sie für höhere Löhne?
2. Sind Sie für mehr Freizeit?
3. Sind Sie für niedrigere Preise?
4. Sind Sie für Sozialisierung? —

1. Sind Sie für staatliche Genehmigung des Arbeitsplatzwechsels?
2. Sind Sie für ein Verbot des Streikes?
3. Sind Sie für staatlich festgesetzte Arbeitsnormen?
4. Sind Sie für Verpflichtung zu unbezahlten Überstunden für die Gewerkschaft?
5. Sind Sie für Sozialisierung?

Die gleichlautenden Schlußfragen dürften aufgrund der vorangehenden Fragen bei einem beträchtlichen Teil der Befragten wohl verschieden beantwortet werden.

Wiederholung der Befragungen in einem gewissen Zeitabstand bei denselben Probanden hat überraschenderweise ergeben, daß sich in Jahresfrist nicht nur Meinungen und Einstellungen ändern, sondern auch Schulabschluß, Religion, ja bei zwei bis drei Prozent sogar Alter und Geschlecht. Bewiesen wird dadurch, daß solche Befragungen mit einer Fehlerquote von mindestens 5 % belastet sind, die sich allerdings z. T. gegenseitig wieder aufheben. Da mehrfache Befragungen an der Geduld der Befragten und an den Kosten scheitern, da die Aufteilung unbestimmter Antworten problematisch ist und da auch die öffentliche Meinung z. T. ehrliche Antworten erschwert, sollte man bei allem, was sich auf Umfragen stützt, mindestens 2 % Fehlerquote einkalkulieren.

Schon Francis Bacon hat gefordert, daß die Wissenschaft nicht nur Einzeltatsachen wirr anhäufen solle wie Ameisen die Fichtennadeln zu einem großen Haufen, sondern daß diese einzelnen Fakten auch in Zusammenhang gebracht werden müssen. Damit stellt sich der Heuristik das nächste Problem.

4.7 Beschreibung — Erklärung

Man hat früher vielfach die beschreibenden oder deskriptiven, morphologischen, idiographischen Wissenschaften den erklärenden oder aitiologischen, genetischen gegenübergestellt.

Beispiele: Botanik, Zoologie, Anatomie, chronistische Historie beschreiben — Evolutionsbiologie, Physiologie, pragmatische Historie erklären.

Schon Aristoteles unterscheidet das ὅτι vom διότι. Beides ist zwar unbedingt zu *unter*scheiden, aber man kann sich nicht als Wissenschaftler zwischen beiden *ent*scheiden. Ohne ein genügend breites Tatsachenwissen, das zunächst einmal deskriptiv erarbeitet ist, wären Erklärungen vorschnell, ja leicht vorurteilsbeladen. Beschreibung ist also notwendige Bedingung zur Erklärung. Aber bloße Beschreibung allein befriedigt auf die Dauer nicht: sie ist alleine nicht hinreichend.

Zu einer *Beschreibung* gehört nun eine brauchbare Terminologie. Dazu kann helfen die Lehre von der Definition: scharfe Begriffe erhält man durch präzise Festsetzung, wie die Begriffe gebraucht werden sollen und durch Rückführung der Begriffszeichen auf möglichst wenige Grundzeichen. Im übrigen ist die jeweilige Fachsprache spezifisch für jede Wissenschaft und darum Gegenstand der speziellen Methodologie.

Erklärung heißt ganz allgemein die Rückführung von etwas Unbekanntem auf etwas Bekanntes. Dabei ist die Worterklärung von der Sacherklärung zu unterscheiden. Die Worterklärung wiederum kann eine Feststellung sein, wie ein Wort tatsächlich gebraucht wird oder eine Festsetzung, wie man es in Zukunft gebrauchen will. Beides wurde bei der Lehre von der Definition schon ausführlich behandelt.

Auch die Sacherklärung haben wir als fünfte Art der Definition schon behandelt. Von der Sacherklärung wird der Aufweis eines gewissen Begründungszusammenhanges erwartet.

4.8 Begründungszusammenhang

Arthur Schopenhauer (1788—1860) hat in seiner berühmten Dissertation darauf hingewiesen, daß es vier Arten von Gründen gibt: Werde-, Erkenntnis-, Seins- und Handlungsgrund.

Aristoteles und die Scholastik unterscheiden:

causa materialis: Materie, Stoff, Gegenstand an sich, Grundlage für das Weitere;

causa formalis: Gestaltung, Formalaspekt, Wesen, übergreifende Formung;

causa efficiens: Wirkursache, wozu auch die causa instrumentalis gehört;

causa finalis: Zweckursache, Zielursache;

gelegentlich wurde noch hinzugenommen:

causa exemplaris: Vorbild, Idee.

Als Beispiel mögen diese „Ursachen" an einem Auto aufgewiesen werden:

causa materialis wären hier die materiellen Bestandteile, wie Blech, Glas, Leder usf.;

causa formalis wäre die Gestaltung, der Funktionszusammenhang der Teile, der Konstruktionsplan;

causa efficiens wäre die Herstellung, die Fertigung durch Arbeiter, Ingenieure und Maschinen;

causa finalis wäre die Beförderung von Menschen und Sachen;

causa exemplaris wäre die Pferdekutsche.

Bei einem Buch ergäbe sich entsprechend: Material (Papier, Leinwand, Bindefäden, Druckerschwärze), Form (Blätter, mit Zeichen bedruckte Seiten, evtl. Abbildungen), Causalursache (Autor, Setzer, Drucker, Binder, Verleger, Druck- und Bindemaschinen), Finalursache (lesen, belehren, unterhalten), Exemplarursache (vorgetragene Lehre, Inschriften).

Unter Erklärung im strengen Sinne ist zu verstehen der Inbegriff der wissenschaftlichen Aussagen über ein Gebilde bzw. *der* Teil dieser wissenschaftlichen Aussagen, aus denen man alle anderen nach strenger Methode herleiten kann. Dazu dienen heute quantifizierbare funktionale Zusammenhänge, die entsprechende quantitative Prognosen gestatten.

Da das Problem wissenschaftlicher Erklärung eines der Hauptprobleme der modernen Wissenschaftstheorie ist und in allen einschlägigen Büchern über Wissenschaftstheorie ausführlich abgehandelt wird, möge man das dort nachlesen.

5. BEGRÜNDUNG

5.0 Urteil und Begründung

Wissen ist eine begründete Erkenntnis. Das Problem der Begründung ist deshalb von zentraler Bedeutung für wissenschaftliche Erkenntnis. Was aber wird begründet? Nicht Annahmen, Fragen, Definitionen — Urteile müssen begründet werden. Urteile sind als wahr behauptete Aussagen. Erst dann, wenn ich Aussagen behaupte, schulde ich auch eine Begründung dafür. Umgekehrt gilt: quod gratis asseritur, gratis negatur. Was ich ohne Begründung behaupte, darf ich auch ohne Begründung bestreiten. Die Behauptung einer Aussage *p* wird durch das Behauptungszeichen „$\vdash$" gekennzeichnet: $\vdash p$.

Da Theorien ja Systeme von Aussagen darstellen, meist Aussagen mit einem gewissen Begründungszusammenhang, läßt sich die Begründung von Theorien rückführen auf die Begründung von Urteilen.

Nun sollte eine Behauptung auch bewiesen werden. Eine unbewiesene Behauptung ist ein Vorurteil. Wird ein Vorurteil als Voraussetzung gemacht, ausdrücklich gefordert, eine Behauptung als wahr vorauszusetzen, weil man sie nicht beweisen kann oder will, nennen wir eine solche Behauptung einen Grundsatz oder ein Axiom. Behauptungen, deren Wahrheit nachgewiesen wird, wären dann Nachurteile oder Nachsätze. Üblicherweise werden sie Lehrsätze, Theoreme, Lemma oder auch einfach Sätze genannt. Begründungen können nun direkt oder indirekt erfolgen.

5.1 Direkte Begründung

Die einfachste Form der Begründung der Wahrheit einer Aussage geschieht durch *Aufweis* des behaupteten Sachverhalts, z. B. durch Vorweisen: „Dies Stück Kreide ist weiß.", „Dieser Tisch ist viereckig." oder *Hinweise* wie „Diese Tafel ist grün.", „Die Uhr dort hat schwarze Zeiger."

Ein solcher Aufweis oder Hinweis kann auch durch den Appell an die unmittelbare *Einsicht* des Behaupteten geschehen. Das ist der berühmte „Evidenz-Beweis". René Descartes (1596—1650) verdanken wir die genauere Definition solcher Evidenz: eine Erkenntnis heißt evident, wenn sie klar und deutlich ist. Klar heißt eine Erkenntnis, wenn sie dem wachen, aufmerksamen Geiste unmittelbar gegenwärtig ist. Deutlich heißt eine Erkenntnis, wenn sie klar ist und sich außerdem von allen anderen unterscheidet. Solche Begründung durch Aufweis oder Evidenz ist nur in verhältnismäßig einfachen Fällen möglich. Deshalb spielt sie eine untergeordnete Rolle. Für die Wissenschaft unentbehrlich ist die indirekte Begründung.

5.2 *Indirekte Begründung*

Sie heißt auch mittelbare Begründung, denn sie benutzt

5.21 *Begründungsmittel.*

Solche können z. B. sein Indizien, Zeugenaussagen, Dokumente — deren Zuverlässigkeit natürlich abgesichert werden sollte. Wie, das lehren die historischen Hilfswissenschaften, die Kriminologie und auch die spezielle Methodologie der Einzelwissenschaften.

Beispiele: „Es stand in der ›Welt‹, daß die Temperatur letzten Freitag, 13 Uhr, in Lissabon 18° C betrug.“ Nun, es könnte sich auch um einen Druckfehler gehandelt haben — deshalb kann man, sofern diese Aussage für ein Begründungsverfahren von Wichtigkeit ist, am Wetteramt noch einmal um Bestätigung bitten. Da erscheint Fridolin Piepenbrink bei dem Notar, um einen Hypothekenbrief für sein Grundstück zu bestellen. Der Notar muß das Grundbuch einsehen, um den Eigentümer festzustellen und sich anhand seines Personalausweises überzeugen, daß der vor ihm Erschienene identisch ist mit dem eingetragenen Eigentümer und dann die vorgeschriebenen Formalitäten vornehmen und die Unterschrift von Fridolin Piepenbrink beglaubigen. Selbst ein solch klar bezeugtes Beweismittel könnte fehlerhaft sein: der Personalausweis kann gefälscht gewesen sein, der Notar könnte fahrlässig leichtfertig oder bewußt betrügerisch gehandelt haben. Selbst „amtlich“ beglaubigte Beweismittel müßten nötigenfalls also kritisch überprüft werden. Der Staat traut ja nicht einmal den von ihm selbst ausgestellten Dokumenten: für den Nachweis der deutschen Staatsangehörigkeit genügt es z. B. nicht, einen Reisepaß vorzuzeigen, der diese bestätigt, sondern da werden die Geburtsurkunden der Vorfahren väterlicherseits bis 1870 verlangt, um festzustellen, daß diese bereits die deutsche Staatsangehörigkeit besaßen!

Eine andere Methode der mittelbaren Begründung ist das Experiment: wer die Behauptung bezweifelt, daß bereits ein Tropfen Blausäure beim Menschen tödlich wirkt, der mache das Experiment und schlucke einen Tropfen HCN.

Schließlich genügt als Begründung auch der Hinweis, daß die fragliche Behauptung ja bereits als Axiom oder Theorem konzediert worden sei.

Probleme, die die Beweismittel und ihre Überprüfung betreffen, sind weitgehend von speziellem Fachwissen abhängig. In die allgemeine Methodologie hingegen gehört die Betrachtung der

5.22 *Begründungsmethoden.*

5.221 Die *argumentativ-abwägende Methode* ist nicht nur die verbreitetste, sondern auch die historisch älteste. In der Antike wurde sie in der Volksversammlung und vor Gericht benutzt und von den Sophisten gelehrt. In der systematisch verschärften Form des „sic et non" wurde sie zuerst vom „Vater der Scholastik", Anselm von Canterbury (1033—1109), benutzt und von Petrus Abaelardus (1079—1142) in seinem Werke ›Sic et non‹ ausführlich dargestellt, und dann in den systematischen wissenschaftlichen Werken der Scholastik, den ›Summen‹ angewandt, wodurch diese Werke eine noch heute vorbildliche methodische Strenge erhielten. Diese Methode vollzieht sich in folgenden Schritten:

Zuerst wird das Problem in Form einer Entscheidungsfrage formuliert, z. B. „Ob Philosophie eine Wissenschaft sei?", oder es wird auch eine These aufgestellt. Sodann werden der Reihe nach alle Gründe aufgestellt, die für die These bzw. für eine positive Antwort auf die Frage sprechen. Sodann werden alle Gegengründe aufgezählt. Nun werden die Gründe für und wider auf ihre Stichhaltigkeit und Gewichtigkeit abgewogen (was oft nicht ausdrücklich im geschriebenen Text geschieht, sondern dem Leser überlassen bleibt). Alsdann wird eine Antwort auf die Frage formuliert und diese (bzw. die nachdrückliche Behauptung der Eingangsthese) mit einem kurzen Gedankengang begründet. Sodann werden die zuvor aufgestellten Argumente, die der Lösung widersprechen, der Reihe nach entkräftet. Das geschieht oft durch Fallunterscheidung, durch Differenzierung mehrdeutiger Begriffe oder durch Anführung zusätzlicher Instanzen, die das Argument als irrig erweisen. Dies argumentativ-abwägende Verfahren, wenn auch nicht immer in seiner ganzen Strenge, liegt weitgehend gerichtlicher Beweiserhebung und Urteilsbegründung zugrunde. Nach dem deutschen Recht muß dabei im Strafprozeß das Gericht selbst Gründe für wie gegen die Schuld des Angeklagten erforschen, während es sich beim Zivilprozeß auf die Argumente beschränkt, die die Parteien vorbringen.

Dies Verfahren liefert im allgemeinen zwar keinen absolut sicheren

Beweis für die These, es kann aber eine subjektive Gewißheit liefern. Dem trug das deutsche Strafrecht früher Rechnung, indem es neben „schuldig“ und „unschuldig“ auch die Möglichkeit vorsah „mangels Beweises freigesprochen“. Im Zivilrecht besteht die Möglichkeit des Vergleichs und der teilweisen Zurückweisung der Klage. Bei wissenschaftlichen Untersuchungen kann diese Begründung zu einem „zwar ... aber“ führen. Es ist auch möglich, ja der Ehrlichkeit halber gewünscht, die fehlende Sicherheit, die eben oft bei diesem Begründungsverfahren besteht, einzugestehen, indem eine Abschätzung der Wahrscheinlichkeit für die Geltung der These hinzugefügt wird. Problematisch scheint mir die bei Juristen so beliebte Formulierung „mit an Sicherheit grenzender Wahrscheinlichkeit“, die eine subjektive Gewißheit bei fehlender objektiver Sicherheit ausdrücken soll. Da sollte man besser sagen: „mit sehr hoher Wahrscheinlichkeit gilt ... und ich bin persönlich von dieser Geltung überzeugt“.

5.222 *Deduktion* (strenger Beweis).

Das deduktive Begründungsverfahren läßt sich fast immer nach dem Schema des modus ponendo ponens darstellen. In der modernen Logik spricht man von der „Abtrennungsregel“, im englischen von "rule of detachment". Sie besagt, daß man aus zwei als sicher behauptbaren Sätzen (Urteilen), von denen einer eine Implikation und der andere dessen Implikans darstellt, mit Sicherheit darauf schließen kann, daß auch das Implikat ein als sicher behauptbarer Satz ist.

5.2221 $$\frac{\vdash X \rightarrow Y, \vdash X}{\vdash Y}$$

Wichtig ist, daß X und Y einfache oder zusammengesetzte *Aussagen* sind: es dürfen keine freien Variablen in ihnen auftreten. Treten gebundene Variable auf, so ist bei Einsetzung von Konstanten auf die richtige semantische Kategorie zu achten.

Die Implikation $\vdash X \rightarrow Y$ stellt bei der Deduktion meist ein allgemeines Gesetz dar (logisches, mathematisches, empirisches Gesetz), ein Axiom, eine allgemeine wissenschaftliche Verfahrensregel oder aber einen wohlbegründeten, allgemein akzeptierten Satz einer Einzelwissenschaft oder allgemeiner Lebenserfahrung. $\vdash X$ stellt einen Satz dar, dessen Wahrheit bereits gesichert ist oder der aufgrund von sicheren Forschungsmethoden, z. B. gegen mögliche Fehlerquellen abgesicherte Beobachtung, gewonnen wurde. Dann also ist auch $\vdash Y$ streng bewiesen.

Beispiele: Aus dem Gesetz: „Wenn das Fixsternlicht im Gravitationsfeld der Sonne abgelenkt wird, so besitzt dies Fixsternlicht Masse.“ und der bei Sonnenfinsternis erfolgten sicheren Beobachtung „Das

Fixsternlicht wird im Gravitationsfeld der Sonne abgelenkt" läßt sich Albert Einsteins These begründen: „Das Fixsternlicht besitzt Masse."

Aus dem Gesetz „Wird Gleichstrom durch eine wäßrige Lösung von Salzsäure geleitet, so bildet sich an der Kathode Wasserstoffgas" und den Beobachtungen: „Der Stromkreis ist geschlossen; in dieser wäßrigen Salzsäure-Lösung steigen an der Kathode Gasblasen auf" läßt sich schließen: „Bei den an der Kathode aufsteigenden Gasblasen handelt es sich um Wasserstoff."

Aus dem juristischen Satz, der sich aus dem Strafgesetzbuch ergibt: „Wenn der Angeklagte der Falschmünzerei überführt ist, so soll er mit Freiheitsstrafe nicht unter zwei Jahren bestraft werden." und dem Ergebnis der Beweisaufnahme: „Der Angeklagte ist der Falschmünzerei überführt." folgt: „Der Angeklagte soll mit Freiheitsstrafe nicht unter zwei Jahren bestraft werden."

Die Beispiele zeigen, daß das allgemeine Gesetz $\vdash X \rightarrow Y$ nicht problematisch ist. Entscheidend ist, ob $\vdash X$ gesichert ist, ob also z. B. die Ablenkung des Lichtes einwandfrei beobachtet ist, ob die Stoffprobe nicht evtl. verunreinigt war durch eine basisch reagierende Beimengung, ob der Angeklagte mit Sicherheit überführt war. Das deduktive Schlußverfahren ist in jedem Falle aufgrund der Gesetze der formalen Logik sicher. Die Sicherheit der Folgerung $\vdash Y$ hängt von der Sicherheit der Voraussetzungen $\vdash X \rightarrow Y$ und $\vdash X$ ab, gilt nur, falls diese Sicherheit angenommen, vorausgesetzt wird. Deshalb spricht man auch, da diese Voraussetzung unerläßlich ist, vom hypothetisch-deduktiven Verfahren.

Der evtl. Einwand, daß ja mildernde Umstände, Störung der Geisteskräfte und anderes mehr ein anderes Strafmaß bei Falschmünzerei ergeben könnte, gibt zu dem Hinweis Veranlassung, daß die Geltung von Gesetzen an gewisse Rahmenbedingungen gebunden ist, die nicht immer ausdrücklich angegeben werden, wenn es sich um die „normalen" Bedingungen handelt.

Nur die strenge Begründung durch hypothetisch-deduktive Verfahren kann strenge Theorien und strenge Gesetze sichern. Doch da, vor allem in historischen und sozialen Wissenschaften, eine strenge Begründung nicht immer möglich ist, muß man sich dort oft begnügen mit der

5.223 *Reduktion.*

Bei dieser sind als sicher gegeben eine Voraussetzung der Form $\vdash X \rightarrow Y$ und das Implikat $\vdash Y$ und es wird daraus geschlossen auf das Implikans X:

5.2231 $$\frac{\vdash X \rightarrow Y, \vdash Y}{X}$$

Dabei muß nun mit Nachdruck betont werden, daß es sich hierbei nach den Gesetzen der formalen Logik um *kein* allgemeingültiges Verfahren handelt. Die Reduktion ist keine strenge Methode, das Ergebnis X ist keineswegs sicher wahr und darum auch ohne das Behauptungszeichen $\vdash$ zu schreiben.

Beispiele: „Wenn bei gleicher Produktivität die Löhne steigen, steigen die Preise.", „Die Preise sind gestiegen.", also: „Die Löhne sind gestiegen." Die Folgerung stimmt zwar oft, aber sie gilt keineswegs notwendig, denn auch höhere Kosten für Rohstoffe, Energie und Steuern können Preise steigen lassen. „Wenn Bismarck das Zentrum für seine Schutzzollpolitik gewinnen wollte, mußte er den Kulturkampf abbrechen." „Er hat den Kulturkampf abgebrochen.", also: „Er gewann das Zentrum für seine Schutzzollpolitik." Das klingt zwar sehr plausibel, vermag auch politische Entwicklungen verständlich zu machen, doch eine strenge Begründung stellt das nicht dar.

Die Reduktion erklärt auch das Vorgehen zweier wichtiger wissenschaftlicher Operationen:

5.2232 Bei *progressivem* Vorgehen,
bei Voraussetzung von $\vdash X \rightarrow Y$ und dem Vorschreiten vom problematischen X zum bereits sicheren $\vdash Y$ spricht man von *Verifikation.*

5.2233 Bei *regressivem* Vorgehen,
beim Rückschreiten vom sicheren $\vdash Y$ zum problematischen X, immer unter der Voraussezung $\vdash X \rightarrow Y$ handelt es sich um *Erklärung*: man sucht für ein Faktum im Rahmen einer Theorie eine Voraussetzung, die das Faktum verständlich macht.

Erklärung und Verifikation sind zentrale Themen der gegenwärtigen Wissenschaftstheorie und werden dort eingehend behandelt.

Wird in einer Reduktion von einem spezielleren Hinterglied auf ein allgemeineres Vorderglied geschlossen, so handelt es sich um eine

5.224 *Induktion.*

Bevor wir uns mit der eigentlichen, der echten Induktion beschäftigen, wie wir sie gerade als Spezialfall der Reduktion erklärt haben, müssen noch zwei andere Verfahren erwähnt werden, die ebenfalls Induktion genannt werden.

5.2241 Es war der Baseler Mathematiker und Philosoph Jacob Bernoulli (1654—1705), der bei der Bestimmung unendlicher Zahlenreihen 1684 den bereits 25 Jahre zuvor von Blaise Pascal (1623—1662) aufgestellten Satz anwandte: Wenn eine Eigenschaft F auf 1 zutrifft und wenn sie unter der Voraussetzung, daß sie auf ein beliebiges Glied n zutrifft, auch auf das folgende Glied $n + 1$ zutrifft, dann trifft diese

Eigenschaft F auf jedes Glied der Reihe zu. Das nennt man das Prinzip der *vollständigen* oder mathematischen *Induktion*. In der modernen Logik schreibt man:

5.22411 $\vdash (F(1) \wedge (F(n) \rightarrow F(n+1))) \rightarrow \forall x(x \in Z \rightarrow F(x))$.

Giuseppe Peano (1858—1932) nahm diesen Satz als letzten unter seine fünf Axiome der Arithmetik auf. Begründungen mittels dieses Prinzips stellen deduktive Schlüsse dar und sind von deren strenger Sicherheit.

5.2242 Zu dem Schlusse vom einzelnen aufs allgemeine wird oft stillschweigend ein weiteres Prinzip mit benutzt.

So werden Naturgesetze oft schon aufgrund eines einzigen Versuches oder nur ganz weniger Beobachtungen aufgestellt. Man hat in der Chemie so z. B. das Atomgewicht der seltenen Erden aufgrund ganz weniger Messungen bereits als gesichert angesehen. Hier wird, wie John Stuart Mill (1806—1873) sagt, dessen System der Logik das Standardwerk für die Theorie der Induktion ist, zusätzlich das Prinzip vom gleichförmigen Naturgeschehen vorausgesetzt, das da lautet:

5.22421 „Bei gleichen äußeren Umständen rufen gleiche Ursachen bei gleichen Gegenständen stets gleiche Wirkungen hervor."

Dies Prinzip wird als selbstverständlich bei allem Forschen und Verhalten vorausgesetzt und es gestattet, schon aufgrund *einer* gesicherten Beobachtung allgemeingültige Aussagen zu formulieren.

So setze ich ganz selbstverständlich voraus, daß reines Wasser bei gleichem Druck und gleicher Temperatur und gleichem Volumen stets gleiches Gewicht hat — wird doch das Kilogramm gerade definiert als das Gewicht von einem Liter Wasser bei 4° C und einer Atmosphäre! So selbstverständlich uns heute dies Gleichheitsprinzip scheint, so problematisch ist seine Sicherung: Sollten wir Abweichungen davon feststellen, dann unterstellen wir, daß eben nicht die gleichen Umstände oder der gleiche Gegenstand vorgelegen haben. Um diese Gleichheit aber verifizieren zu können, benötigen wir Instrumente, die die Gültigkeit des Gleichheitsprinzips bereits voraussetzen. Es ist also letztlich kein Erfahrungssatz, sondern ein *Vor*satz, ein Axiom. Wird mit Hilfe dieses Axioms induktiv begründet, so liegt eine Deduktion vor, mit deren strenger Sicherheit!

5.2243 *Echte Induktion*

(Induktion im engeren Sinne) dagegen besteht darin, daß aufgrund von $\vdash X \rightarrow Y$ und $\vdash Y$, wobei Y ein partikulärer Satz ist, auf die Geltung von X geschlossen wird, das ein allgemeiner Satz ist.

Beispiel: Ich habe anhand der im Hörsaal befindlichen Uhr festgestellt, daß Professor A einmal 9^{18} h, einmal 9^{20} h und viermal 9^{19} h seine Vorlesung begonnen hat. Dann schließe ich aus diesen sechs einzelnen Beobachtungen, daß Professor *A* auch in Zukunft seine Vorlesung stets mit etwa 4 Minuten Verspätung beginnen wird. Das ist kein Schluß von strenger Allgemeingültigkeit: er gilt nur mit einem Grad von Wahrscheinlichkeit, der bei so wenigen Beobachtungen nicht sehr groß sein kann.

Ein erheblicher Teil aller gesetzmäßigen Zusammenhänge in Geschichte, Wirtschafts- und Sozialwissenschaften, ja auch in Psychologie und allen Erfahrungswissenschaften wird durch Induktion im engeren Sinne begründet.

Dabei bestehen erhebliche Irrtumsquellen durch vorschnelle Verallgemeinerung, durch einseitige Stichprobenauswahl und evtl. Vernachlässigung von störenden Nebeneinflüssen. Ein Induktionsschluß liegt auch vor, wenn aus den Erklärungen eines sog. repräsentativen Querschnitts auf das Verhalten der Gesamtbevölkerung geschlossen wird. Von entscheidender Bedeutung ist hierbei, daß alle für Einstellung und Verhalten relevanten Faktoren, wie z. B. Alter, Geschlecht, Religion, Bildung, Beruf, Einkommens- und Vermögensstufen, Familienstand und Kinderzahl, landsmannschaftliche Herkunft, Wohnverhältnisse berücksichtigt werden. Auch Zugehörigkeit zu Gewerkschaften, Parteien, Vereinen, Freizeit- und Eßgewohnheiten, Verhältnis zu Sport, Rauchen, Trinken, Auto, Kunst, Literatur, Musik und Karneval können von Bedeutung sein. Und auch manche Charaktergrundzüge wie Anpassungsfähigkeit, Durchsetzungsvermögen, Hilfsbereitschaft, Leichtgläubigkeit, Ehrgeiz, Großzügigkeit usf. sind zwar wichtig, aber ohne eingehende Tests nicht feststellbar. Damit alle relevanten Faktoren in den wichtigsten Kombinationen mehrfach auftreten, scheint ein sample von etwa 2000 zu explorierenden Personen erforderlich zu sein. Bei dieser Größenordnung besteht dann in etwa die Wahrscheinlichkeit, daß auch Faktoren, die bei der Auswahl der Probanden nicht ausdrücklich berücksichtigt worden sind, wie die erwähnten Charaktereigenschaften oder der Besitz von Haustieren in entsprechender Streuung mit vorhanden sind.

Es sei noch einmal betont, daß induktive Begründungen keine Sicherheit, sondern nur Wahrscheinlichkeit ergeben, wobei man eine Wahrscheinlichkeit von etwa 98 % als sehr gutes Ergebnis bezeichnen könnte.

5.3 Wahrscheinlichkeit

5.31 Hier sollte man unterscheiden zwischen der subjektiven oder *Erwartungswahrscheinlichkeit*, die für Geltung einer Aussage, Eintreten eines Ereignisses, im Bewußtsein des urteilenden Subjektes besteht.

Eine subjektive Wahrscheinlichkeit von 100 % bedeutet *Gewißheit*; bei ungefähr 50 % Wahrscheinlichkeit besteht *Ungewißheit*, bei 0 % negative Gewißheit: Gewißheit der Ungültigkeit.

5.32 Die *Ereignis-Wahrscheinlichkeit* (Wahrscheinlichkeit a posteriori) ist das Verhältnis von tatsächlich eingetretenen Ereignissen zu möglichen Ereignissen bestimmter Art.

Beispiel: Das Jahr hat 365 mögliche Tage; die Wahrscheinlichkeit für Eistage (an denen den ganzen Tag über die Temperatur unter 0° C bleibt) ergibt sich dann, wenn ich die Anzahl der beobachteten Eistage durch 365 teile.

5.33 Die *mathematische Wahrscheinlichkeit* (Wahrscheinlichkeit a priori) ist das Verhältnis der günstigen Fälle zur Gesamtzahl der gleich möglichen Fälle.

Beispiel: Insgesamt hat die Woche 7 Tage. Die Wahrscheinlichkeit, an einem bestimmten Tage, z.B. am Sonntag, geboren zu sein, beträgt dann $1/7$.

Die mathematische Wahrscheinlichkeit ist nach der von Blaise Pascal (1623—1662) und Jacob Bernoulli (1654—1705) begründeten Wahrscheinlichkeitsrechnung berechenbar. Bei hinreichend großen Zahlen muß die Ereigniswahrscheinlichkeit sich der mathematischen Wahrscheinlichkeit nähern. Tritt aber bei 1000 Würfen mit einem Würfel die 6 statt 167mal 300mal auf, dann sind Form oder Material des Würfels nicht gleichmäßig. Aus der Diskrepanz zwischen der vorher berechneten, mathematischen Wahrscheinlichkeit und der tatsächlich beobachteten Ereignis-Wahrscheinlichkeit wird also geschlossen, daß die einzelnen Fälle nicht gleich möglich waren. Weiteres über die Gesetze der Wahrscheinlichkeit lehrt die mathematische Statistik.

5.4 Falsifikation

Falsifikation oder Falsifizierung besteht darin, aus einem Gesetz oder einer Theorie streng deduktiv eine Folgerung Q herzuleiten und gleichzeitig durch Beobachtung den Satz Nicht-Q zu begründen. Ein Gesetz oder eine Theorie, woraus sich ein Satz ergibt, der im Widerspruch zu einer beobachteten Tatsache steht, heißt falsifiziert. Eine jede empirische Theorie sollte nach Karl Popper (Logik der Forschung, 1935) so konstruiert sein, daß ihre Falsifizierbarkeit grundsätzlich möglich ist. Theorien, die gegen Falsifizierbarkeit abgesichert sind, heißen immunisiert. Immunisierte Theorien sagen nichts über die Wirklichkeit aus, sind bar empirischer Relevanz. Gelingt es, eine Theorie zu falsifizieren, heißt das nicht, daß sie aufgegeben werden muß: sie kann durch Zusatzannahmen exhauriert werden.

5.5 *Verwerfung*

Von der Falsifizierung zu unterscheiden ist die *Verwerfung*. Diese besagt nicht, daß ein Satz falsch ist, sondern lediglich, daß er nicht als allgemeingültig streng begründet ist. Verwerfung ist die Verneinung der Behauptung der Allgemeingültigkeit. „X ist verworfen" schreibt man „$\dashv X$". So, wie man die Allgemeingültigkeit eines Satzes deduktiv streng begründen kann, läßt sich mittels einiger Verwerfungs-Axiome und -Regeln auch die Verwerfung eines Satzes streng begründen. Es gilt:

5.51 $$\dashv p$$

5.52 $$\frac{\vdash X \rightarrow Y, \dashv Y}{\dashv X}$$

5.53 Wenn Y durch eine Einsetzung aus X hervorgeht und $\dashv Y$, so auch $\dashv X$.

Durch Einsetzung in einen verworfenen Ausdruck läßt sich nichts erschließen.

Die Verwerfung ist vor allem nützlich, um noch nicht bewiesene von bereits bewiesenen Sätzen zu unterscheiden. Verworfene Sätze müssen nicht falsch sein, aber sie können es.

Für das Verhältnis von bewiesen und verworfen gilt wiederum das logische Quadrat:

5.54

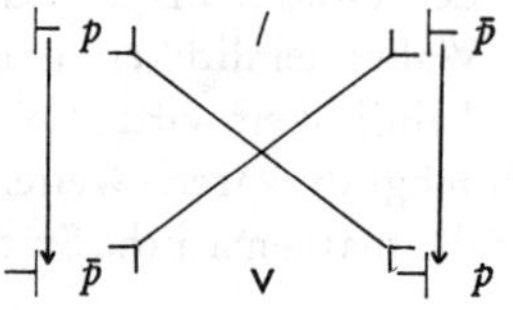

5.6 *Verifizierbarkeit*

Von der Verifizierung einer Aussage, d. h. dem Nachweis ihrer Wahrheit durch entsprechende Begründungsverfahren (s. 5.2) ist zu unterscheiden ihre Verifizierbarkeit, d. h. die Möglichkeit der Verifizierung. Man unterscheidet dabei:

5.61 *Technische Verifizierbarkeit:* es sind die technischen Möglichkeiten gegeben, die Wahrheit einer Aussage zu überprüfen.

Beispiel: Eine Aussage, die sich auf die Rückseite des Mondes bezog, war vor Einführung der Weltraumfahrt technisch nicht verifizierbar.

Die Aussage: „Der Langenberg ist der höchste Berg Westfalens." ist technisch verifizierbar, denn es gibt geodätische Methoden zum Nachweis, daß er 2 m höher ist als der Kahle Asten.

Die Aussage: „Der Sirius hat in seinem Mittelpunkt eine Temperatur von 2×10^6 ° C." ist technisch nicht verifizierbar.

5.62 *Physische Verifizierbarkeit* besagt, daß eine Aussage — selbst wenn sie technisch nicht verifizierbar ist — wenigstens mit den Naturgesetzen vereinbar ist.

Beispiel: Die Aussage „Vor 5000 Jahren wurde in Indien die Leiche eines Mannes verbrannt, der 3,50 m groß war." ist zwar technisch nicht mehr verifizierbar, da die Leiche ja verbrannt ist, aber physisch verifizierbar, denn es ist mit den Naturgesetzen vereinbar, daß ein Mensch diese Köperlänge erreicht. Deshalb könnte es sinnvoll sein, nach Indizien zu forschen, die einen solchen legendären Bericht wahrscheinlicher machen.

Die Aussage: „Bei —300° C nimmt reines Gold eine hellrote Färbung an." ist physisch nicht verifizierbar, da der absolute Nullpunkt bei —272° C liegt, die Herstellung einer Temperatur von —300° C also im Widerspruch zu den Naturgesetzen steht.

5.63 *Logische Verifizierbarkeit* besagt, daß die Wahrheit einer Aussage mit den Gesetzen der Logik vereinbar ist, daß ihre Annahme nicht zu einem logischen Widerspruch führt.

Beispiel: „Auf der Zugspitze gibt es Eis von +500° C." Diese Aussage wäre technisch verifizierbar: man könnte hinfahren und mit entsprechenden Instrumenten die Temperatur messen. Sie ist aber physisch nicht verifizierbar, da Wasser von +500° C bei atmosphärischem Druck sich in gasförmigem Zustand befindet, also kein Eis von dieser Temperatur mit den Naturgesetzen vereinbar ist. Sie wäre aber logisch verifizierbar, da es keinen Widerspruch ergibt, einem Körper von festem Aggregatzustand eine Temperatur von 500° C zuzusprechen. Ein logischer Widerspruch läge nur vor, wenn Eis nicht als „Wasser in festem Aggregatzustand" sondern als „Wasser unter 0° C Temperatur" definiert würde, was unzweckmäßig ist, da man Wasser auch unterkühlen kann, d. h. auf unter 0° C abkühlen kann, ohne daß es gleich zu Eis gefriert.

Logische Verifizierbarkeit beruht auf dem Nicht-Widerspruchsprinzip. Was aber diesem Prinzip nicht entspräche, könnte unmöglich sein. Deshalb gilt: Was keine logische Verifizierbarkeit hat, kann unmöglich physisch oder gar technisch verifizierbar sein. Logische Verifizierbarkeit ist also die Voraussetzung für physische und technische Verifizierbarkeit. Ist etwas bereits logisch nicht verifizierbar, brauche ich gar nicht erst nach physischer oder technischer Verifizierbarkeit zu fragen.

5.64 *Metaphysische* oder *transempirische Verifizierbarkeit.*

Nun gibt es Aussagen, die zwar logisch verifizierbar sind, physisch jedoch nicht, aber trotzdem mit dem Anspruch auftreten, für die Lebenspraxis und Wirklichkeitsbewältigung relevant zu sein. Das können Aussagen sein, die den Anwendungsbereich der Naturgesetze transzendieren, wie: „Hinter den erfahrbaren Erscheinungen steht ein unerkennbares Ding an sich.", „Der unersättliche Drang zum Leben ist die Wurzel allen Übels.", „Es existiert ein und nur ein Gott, jedoch in drei Personen.", „Es hat ein Mensch gelebt, in dem je eine göttliche und menschliche Natur zu einer Person vereint waren." Der Nachweis, daß diese Sätze in einem bestimmten metaphysischen oder religiösen Lehrsystem enthalten sind, wäre ein bloßer historischer Quellennachweis. Transempirisch (metaphysisch, religiös) verifizierbar sind sie, wenn es möglich ist, sie als Bestandteile eines metaphysischen (religiösen) Systems nachzuweisen, das mit der Überzeugung vertreten wird, verbindliche Grundlage der Daseinserhellung und Daseinsbewältigung zu sein. Das aber ist kein wissenschaftlich verbindlicher Anspruch mehr, sondern eine religiöse oder pseudoreligiöse Einstellung, die zwar wissenschaftlich zur Kenntnis genommen und als außerwissenschaftlich akzeptabel, ja nützlich toleriert, vielleicht sogar begrüßt werden kann, doch nicht selbst Bestandteil der Wissenschaft ist. Was nicht ausschließt, daß Kunst, Mythos, Religion, parareligiöse Weltanschauung (wie z. B. Marxismus, Astrologie, Spiritismus, Homöopathie) ihrerseits Gegenstand wissenschaftlicher Forschung sein können, z. B. in Kunstgeschichte und Ästhetik, Religionswissenschaft und -philosophie, Geschichte und Theorie politischer Ideen.

6. VOM GANG DER FORSCHUNG

6.0 Schrittweises Vorgehen

Die Methodologie will den Weg zu wissenschaftlicher Erkenntnis weisen. Dieser Weg läßt sich in einzelne Schritte zerlegen. Es gibt keinen alleinseligmachenden Weg. In sehr vielen Fällen umfaßt der Weg die folgenden Schritte. Reihenfolge und Zahl der Schritte können sich ändern.

6.1 Frage

Jedes wissenschaftliche Forschen beginnt mit *Fragen.* Ein wichtiges Motiv wissenschaftlicher Forschung ist die wissenschaftliche Neugier: „Will wissen, was die Welt im Innersten zusammenhält." Wissenschaftliche Fragen sollen möglichst präzise formuliert sein, denn unscharfe Fragen können mehrdeutige Antworten ergeben. Wissenschaftliche Fragen sollten nicht Fragen mit trivialen Antworten sein. Das schließt nicht aus, daß bisher als selbstverständlich akzeptierte Sätze aus wichtigen Gründen erneut in Frage gestellt werden können. Wissenschaftliche Fragen sollten ferner den gegenwärtigen Stand der Forschung als gegeben voraussetzen und da auf eine Erweiterung oder Vertiefung der Erkenntnis zielen.

6.2 Problem

Eine wissenschaftliche Frage bzw. ein solcher Fragenkomplex, dessen Beantwortung von besonderer Bedeutung für den weiteren Gang der Wissenschaft ist, nennt man ein wissenschaftliches Problem. Nicht nur die Erzielung gesicherter Ergebnisse, bereits das Finden von wissenschaftlichen Problemen ist wichtig für jede Wissenschaft. Probleme sollten allerdings nicht reiner Selbstzweck sein, sondern wichtig ist für wissenschaftliche Probleme, daß ihre Lösung den Horizont der Erkenntnis wesentlich erweitert. Solche Probleme, auch wenn sie noch nicht definitiv gelöst sind, treiben die wissenschaftliche Forschung voran. Eine Wissenschaft, die keine Probleme mehr hat, wäre damit für die wissenschaftliche Forschung abgeschlossen, könnte nur noch als wissenschaftliche Lehre weiterbestehen. Eine Wissenschaft, die nur Probleme, aber keinerlei Ergebnisse anzubieten hat, gliche einem Blinden, der in einem dunklen Kohlenkeller eine schwarze Katze sucht, von der nicht einmal feststeht, ob sie überhaupt in dem Keller ist.

6.3 *Hypothese*

Wissenschaftliche Fragen und Probleme sucht man zu lösen, indem man zunächst einmal Vermutungen anstellt, wie die Lösung aussehen könnte. Man macht dazu *Annahmen.* Die Theorie der Annahmen wurde dargestellt von Alexius Meinong (1853—1920). Annahmen, für die einige plausible Gründe sprechen, nennt man *Hypothesen.* Eine solche besteht meistens aus nicht nur einem angenommenen Satz, sondern aus einem System von Sätzen, von denen einige als sicher, andere als wahrscheinlich begründet gelten und andere als noch nicht begründet, aber verifizierbar angenommen werden, um Lücken der Erkenntnis zu überbrücken, mögliche Erklärungen für erkannte Tatsachen zu bieten. Eine Hypothese, deren Fragwürdigkeit man sich zwar bewußt ist, die aber vorläufig akzeptiert wird, um unter dieser Voraussetzung weiter wissenschaftlich zu arbeiten, heißt *Arbeitshypothese.* Ist eine Hypothese hinreichend begründet, sind die Folgerungen aus ihr geeignet, einen Problembereich zu lösen, einen Gegenstandsbereich zutreffend zu beschreiben und befriedigend zu erklären, spricht man von Theorie.

6.4 *Theorie*

Eine Theorie besteht stets aus einem System von Aussagen, die in einem Begründungszusammenhang stehen. Sie stellt einen Wahrheitsanspruch, wird also behauptet wie das Urteil. Theorien wollen nicht nur Gegenstandsbereiche zutreffend darstellen, sie sollen auch *Prognosen* über erst in der Zukunft zu erkennende Fakten gestatten und bisher noch nicht bekannte Fakten der Vergangenheit aufzufinden oder zu erklären helfen. Die Verifikation einer Theorie durch die Übereinstimmung zwischen einer Folgerung aus ihr oder einer Prognose und einem entsprechenden beobachteten Faktum nennt man eine *Konfirmierung* der Theorie. Konfirmierungen können den Grad der Wahrscheinlichkeit für die Geltung einer Theorie zwar stärken, können aber, selbst wenn sie in großer Zahl vorliegen, niemals eine Theorie als sicher geltend definitiv begründen. Eine einzige Falsifizierung dagegen kann eine Theorie, wenn auch sogleich nicht total widerlegen, so doch als fragwürdig erscheinen lassen und heischt darum nach Ergänzungen oder Korrekturen der Theorie.

6.5 Modell

Modelle stellen nicht den unbedingten Wahrheitsanspruch wie Theorien. Sie betreffen stets nur Teilaspekte eines Gegenstandsbereiches und wollen diese verständlich machen, erklären, indem sie die Strukturen des Modells zur Abbildung eines Teilaspektes des fraglichen Gegenstandsbereiches benutzen. Als Modelle werden dabei Gebilde benutzt, deren Gesetzmäßigkeiten als bereits sicher erforscht gelten, mit Vorliebe mechanische Gebilde wie Welle, starrer Körper, Planetensystem, kommunizierende Röhren usf. Da sich herauszustellen scheint, daß die letzten Komponenten der Wirklichkeit, seien es Atome, energetische Elementarprozesse, kleinste Einheiten biologischer Vorgänge oder psychischer Prozesse ebenso wie kosmische Verhältnisse so beschaffen sind, daß sie für anschauliches Verstehen in anschaulichen menschlichen Maßstäben ungeeignet scheinen, werden wissenschaftliche Theorien immer unanschaulicher, ja man verzichtet auf umfassende Theorien zugunsten von Modellen, wobei es natürlich erstrebenswert scheint, mehrere komplementäre Modelle, wie z. B. Welle und Korpuskel, zur Erklärung verschiedener Aspekte eines Phänomenbereiches heranzuziehen.

6.6 Wissenschaftssprache

Ergebnisse wie Probleme der Wissenschaft müssen mitteilbar sein, damit ein Verständnis von Wissenschaftlern untereinander und wissenschaftliche Lehre möglich sind. Dazu bedarf es der Wissenschaftssprache. Da die Wissenschaft viele Gegenstände wie auch Operationen behandelt, die der Alltagssprache unbekannt sind, für die es also dort keine Worte gibt, müssen neue Worte geschaffen werden. Der Abstand von Wissenschaftssprachen einzelner Wissenschaften von der Alltagssprache ist durchaus verschieden groß: Die Formelsprache des Chemikers, des Mathematikers, des Logikers kann über weite Strecken ohne Alltagssprache auskommen. Kulturwissenschaften wie Geschichte oder Literaturwissenschaft benutzen ein Gerüst der Alltagssprache, durchsetzt mit einer Fülle von Fachworten. Doch in den Gebrauchsregeln der Wissenschaftssprache, in deren Metasprache, wird die Alltagssprache benutzt. Genau betrachtet gibt es nicht *die* Wissenschaftssprache, sondern eine ganze Reihe spezieller Wissenschaftssprachen für spezielle Wissenschaften. Jede dieser Wissenschaftssprachen umfaßt gewisse Anteile — deren Umfang sehr verschieden groß ist — aus der Sprache der Logik, der Mathematik, der allgemeinen Methodologie (wie sie z. B. in diesem Buche vorkommt) und der jeweiligen Spezialwissenschaft. Je stärker der letzte Anteil ist, um so schwieriger wird die Verständigung von Wissenschaftlern der jeweiligen Disziplinen untereinander. Das interdisziplinäre Gespräch ist heute bereits *sehr* schwierig geworden. Erst recht ist es dem Außenstehenden fast unmöglich geworden, Ergebnisse und Probleme von Spezialwissenschaften zu verstehen. Die Übersetzung aus der Wissenschaftssprache in die Alltagssprache für Ergebnisse von allgemeinem Interesse ist eine sehr wichtige Aufgabe, deren Bewältigung nur wenigen halbwegs gelingt.

6.7 Intuition

Die Wissenschaftssprache kann man lernen, auch methodische Regeln, wie sie z. B. in diesem Buche vorgetragen wurden. Doch daraus allein entsteht noch keine Wissenschaft, auch noch nicht, wenn entsprechende Institutionen und Hilfsmittel bereitstehen. Entscheidend ist, daß ein Wissenschaftler wissenschaftliche Probleme aufzufinden, zu sehen vermag und daß er brauchbare Einfälle zu ihrer Lösung hat, d. h. Einfälle, die bei dem Versuch ihrer Überprüfung durch Begründungsverfahren sich als brauchbar erweisen. Woher aber kommen diese Einfälle? Vielleicht läßt sich das üben, aber durch Üben kann man nur ein bereits vorhandenes Vermögen weiter verstärken. Ein Sportler kann seine Kräfte durch Training verstärken. Doch noch so intensives Training kann leider nicht aus jedermann einen erfolgreichen Sportler machen, wie die Erfahrung zeigt. Eine gewisse Begabung muß nun einmal dasein. Und in der Wissenschaft ist es ähnlich. Es gibt eine Art geistiger Einsicht, eine Intuition für wissenschaftliche Probleme, eine Intuition rationaler Zusammenhänge; der Besitz dieser intuitiven Problemsicht und -lösungen macht die Begabung des Wissenschaftlers aus. Wie alle Begabungen kann diese Begabung auch trainiert werden. Die Kenntnis elementarer wissenschaftlicher Denkmethoden kann eine Hilfe zu diesem Training sein.

LITERATURHINWEISE

Diese Hinweise auf weiterführende Literatur wollen nur eine *Auswahl* bieten, der eine gewisse Willkür anhaftet, da sie sich weder an dem wissenschaftlichen Niveau noch an dem didaktischen Geschick oder der praktischen Brauchbarkeit für wissenschaftliche Arbeit orientiert. Abgesehen von wenigen klassischen Werken werden nur Bücher in deutscher Sprache aufgeführt, die gegenwärtig noch im Handel sind.

1. Formale Logik

a) Einführungen:

Czayka, Lothar, Grundzüge der Aussagenlogik. 2. Aufl., München 1972 — UTB 124.

Ebbinghaus, Heinz, Jörg Flum, Wolfgang Thomas, Einführung in die mathematische Logik, Darmstadt 1978.

Essler, Wilhelm K., Einführung in die Logik, 2. Aufl., Stuttgart 1969.

Freudenthal, Hans, Einführung in die Sprache der Logik, München 1965.

Gerster, Hans-Dieter, Aussagenlogik, Mengen, Relationen, 3. Aufl., Freiburg i. Br. 1972.

Juhos, Béla, Elemente der neuen Logik, Wien 1954.

Kamlah, Wilhelm, Paul Lorenzen, Logische Propädeutik, Mannheim 1967.

Klaus, Georg, Einführung in die Formale Logik, Berlin (Ost) 1959.

Kutschera, Franz von, Elementare Logik, Wien 1967.

Kutschera, Franz von, Alfred Breitkopf, Einführung in die moderne Logik, Freiburg i. Br. 1971.

Mates, Benson, Elementare Logik, Göttingen 1965.

Menne, Albert, Einführung in die Logik. 2. Aufl., München 1972.

Oberschelp, Arnold, Elementare Logik und Mengenlehre, Mannheim 1974.

Schick, Karl, Aussagenlogik, 3. Aufl., Freiburg i. Br. 1975.

Varga, Tamás, Mathematische Logik für Anfänger, 2 Bde., Frankfurt a. M. 1972—1973.

Wall, Robert, Einführung in die Logik und Mathematik 1: Logik und Mengenlehre, Kronberg 1973.

b) Handbücher:

Asser, Günther, Einführung in die mathematische Logik, Teil I, Leipzig 1965; Teil II: Leipzig 1975.

Seiffert, Helmut, Einführung in die Wissenschaftstheorie, 2 Bde., 2. Aufl., München 1970.
Ströker, Elisabeth, Einführung in die Wissenschaftstheorie, Darmstadt 1973.
Toulmin, Stephen, Einführung in die Theorie der Wissenschaft, Göttingen 1970.

b) Handbücher:
Kutschera, Franz v., Wissenschaftstheorie, 2 Bde., München 1972 — UTB 100/198.
Lay, Rupert, Grundzüge einer komplexen Wissenschaftstheorie, 2 Bde., Frankfurt a. M. 1971—1973.
Losee, John, Wissenschaftstheorie, München 1977.
Weingartner, Paul, Wissenschaftstheorie, bisher 2 Bde., Stuttgart 1971/76.

c) klassische bzw. Standardwerke:
Bolzano, Bernard, Wissenschaftslehre, Neudruck, 4 Bde., Leipzig 1929/31.
Mill, John Stuart, System der induktiven und deduktiven Logik, 4. Aufl., Braunschweig 1877.
Popper, Karl R., Logik der Forschung, 3. Aufl., Tübingen 1969.
Stegmüller, Wolfgang, Probleme und Resultate der Wissenschaftstheorie und analytischen Philosophie, 4 Bde., Berlin ab 1969.

d) historische und philosophische Grundlagen:
Albert, Hans, Traktat über kritische Vernunft, 2. Aufl., Tübingen 1969.
~, Konstruktion und Kritik, Hamburg 1972.
~, Kritische Vernunft und menschliche Praxis, Stuttgart 1977.
Hübner, Kurt, Kritik der wissenschaftlichen Vernunft, Freiburg i. Br. 1978.
Kuhn, Thomas, Die Struktur wissenschaftlicher Revolutionen, Frankfurt a. M. 1967.

dazu wichtig:

Diemer, Alwin (Hrsg.), Die Struktur wissenschaftlicher Revolutionen und die Geschichte der Wissenschaften, Meisenheim 1977.

Popper, Karl, Objektive Erkenntnis: Hamburg 1974.

3. Einzelne Gebiete und Probleme der Methodologie

Bocheński, I. M., Die zeitgenössischen Denkmethoden, München 1954.
Carnap, Rudolf, Physikalische Begriffsbildung, Darmstadt 1956.
Dahlberg, Ingetraut, Prinzipien der Klassifikation, Frankfurt a. M. 1977.
Dingler, Hugo, Das Experiment, München 1928.
~, Die Methode der Physik, München 1938.
Dubislav, Walter, Die Definition, 4. Aufl., Hamburg 1980.
Essler, Wilhelm K., Induktive Logik, Freiburg i. Br. 1970.
Hempel, Carl G., Aspekte wissenschaftlicher Erklärung, Berlin 1977.

Juhos, Bela, W. Katzenberger, Wahrscheinlichkeit als Erkenntnisform, Berlin 1970.
Kraft, Viktor, Die Grundformen der wissenschaftlichen Methoden, 2. Aufl., Wien 1973.
Lenzen, Wolfgang, Theorien der Bestätigung wissenschaftlicher Hypothesen, Stuttgart 1974.
Müller, Dieter, Programmierung elektronischer Rechenanlagen, Mannheim 1964.
Prante, Trofahrn, Informatik, Paderborn 1978.
Robinson, Richard, Definition, 3. Aufl. Oxford 1965 [in englischer Sprache].
Savigny, Eike v., Grundkurs im wissenschaftlichen Definieren, 2. Aufl., München 1971.
Serebrjannikov, O. F., Heuristische Prinzipien und logische Kalküle, München 1974.
Sinowjew, Alexander A., Komplexe Logik, Braunschweig 1970.
Stachowiak, Herbert, Allgemeine Modelltheorie, Wien 1973.

4. Methodologien einzelner Wissenschaften

Acham, Karl, Analytische Geschichtswissenschaft, Stuttgart 1975.
Schupp, F., Franz Poppers Methodologie der Geschichtswissenschaft, Bonn 1975.

Bocheński, I. M., Logik der Religion, 2. Aufl., Paderborn 1981.
Peukert, Helmut, Wissenschaftstheorie, Handlungstheorie, Fundamentale Theologie, Frankfurt a. M. 1978.
Gatzemeier, Matthias, Theologie als Wissenschaft?, 2 Bde., Stuttgart 1974.

Schwemmer, Oswald, Theorie der rationalen Erklärung, München 1976.

Hofstätter, Peter R., D. Dirk Wendt, Quantitative Methoden der Psychologie, 4. Aufl., Hamburg 1974.
Selg, Herbert, Werner Bauer, Forschungsmethoden der Psychologie, Stuttgart 1971.
Traxel, Werner, Über Gegenstand und Methode der Psychologie, Bern 1968.

Frey, Gerhard, Philosophie und Wissenschaft, Stuttgart 1970.
Wuchterl, Karl, Methoden der Gegenwartsphilosophie, Bern 1977.

Schanz, Günther, Einführung in die Methodologie der Betriebswirtschaftslehre, Köln 1975.

Coing, Helmut, Juristische Methodenlehre. 2. Aufl., Berlin 1972.
Klug, Ulrich, Juristische Logik, 4. Aufl., Berlin 1982.

Larenz, Karl, Methodenlehre der Rechtswissenschaft, 4. Aufl., Berlin 1979.
Tammelo, Ilmar, G. Moens, Logische Verfahren der juristischen Begründung, Wien 1976.
Weinberger, Ota, Rechtslogik, Wien 1970.
Zippelius, Reinhard, Einführung in die juristische Methodenlehre, München 1971.

Harder, Theodor, Werkzeuge der Sozialforschung, Wien 1974 — UTB 304.
Kliemann, Wolfgang, Norbert Müller, Logik und Mathematik für Sozialwissenschaftler, 2 Bde., München 1973/76 — UTB 208/528.
Opp, Karl-Dieter, Methodologie der Sozialwissenschaften, Reinbek 1970.

Hartmann, Max, Die philosophischen Grundlagen der naturwissenschaftlichen Erkenntnis und Methodologie, 2. Aufl., Stuttgart 1959.

5. Gebrauch wissenschaftlicher Hilfsmittel

Grudinski, P. G., Methodische Ratschläge für die geistige Arbeit, 6. Aufl., Markkleeberg 1968.
Heyde, Johannes E., Technik des wissenschaftlichen Arbeitens, 10. Aufl., Berlin 1970.
Kliemann, Horst, Anleitungen zum wissenschaftlichen Arbeiten, Freiburg i. Br. 1966.
Kröber, Walter, Kunst und Technik der geistigen Arbeit, 6. Aufl., Heidelberg 1969.
Nippoldt, Alfred, Anleitung zum wissenschaftlichen Denken, Düsseldorf 1962.
Standop, Ewald, Die Form der wissenschaftlichen Arbeit, Dortmund 1965.

REGISTER

a) Namenregister

b) Sachregister

Bocheński, I. M., Albert Menne, Grundriß der Logistik, 4. Aufl., Paderborn 1973.
Borkowski, Ludvik, Formale Logik, Berlin (Ost) 1976.
Carnap, Rudolf, Symbolische Logik, 3. Aufl., Wien 1968.
Dopp, Joseph, Formale Logik, Einsiedeln 1969.
Hermes, Hans, Einführung in die mathematische Logik, Stuttgart 1963.
Hilbert, David, Wilhelm Ackermann, Grundzüge der theoretischen Logik, 4. Aufl., Berlin 1959.
Hinst, Peter, Logische Propädeutik, München 1974.
Klaus, Georg, Moderne Logik, Berlin (Ost) 1972.
Kleinknecht-Wüst, Lehrbuch der elementaren Logik, 2 Bde., München 1976.
Markwald, Werner, Einführung in die formale Logik und Metamathematik, Stuttgart 1972.
Novikov, Peter S., Grundzüge der mathematischen Logik, Braunschweig 1973.
Quine, Willard van Orman, Grundzüge der Logik, Frankfurt a. M. 1969.
Schmidt, Arnold, Mathematische Gesetze der Logik, Berlin 1959.
Scholz, Heinrich, Gisbert Hasenjäger, Grundzüge der mathematischen Logik, Berlin 1961.
Sinowjew, Alexander A., Hans Wessel, Logische Sprachregeln, 2. Aufl., Göttingen 1966.
Tarski, Alfred, Einführung in die mathematische Logik, München 1975.

c) Standardwerke: (beide englisch)
Keynes, John Neville, Studies and Exercises in formal Logic, 4. Aufl., London 1906.
Whitehead, Alfred N., Bertrand Russell, Principia Mathematica, 3 Bde., 3. Aufl., Cambridge 1950.

d) Philosophische Probleme der Logik:
Carnap, Rudolf, Grundlagen der Logik und Mathematik, München 1973.
Hasenjäger, Gisbert, Einführung in die Grundbegriffe und Probleme der modernen Logik, Freiburg i. Br. 1962.
Lenk, Hans, Metalogik und Sprachanalyse, Freiburg i. Br. 1973.
Menne, Albert, Logik und Existenz, Meisenheim 1954.
Quine, Willard v. O., Philosophie der Logik, Stuttgart 1973.

2. Wissenschaftstheorie

a) Einführungen:
Carnap, Rudolf, Einführung in die Philosophie der Naturwissenschaften, München 1969.
Essler, Wilhelm K., Wissenschaftstheorie, 3 Bde., Freiburg i. Br. 1970—1973.
Hempel, Carl Gustav, Philosophie der Naturwissenschaften, München 1974.

NACHWORT ZUR ZWEITEN AUFLAGE

Die erste Auflage fand überraschend großes Interesse. Es erscheint davon eine polnische Übersetzung. Um Verzögerungen in der Lieferbarkeit zu vermeiden, wurde auf einige an sich wünschenswerte Erweiterungen zunächst verzichtet. Es wurden lediglich eine Reihe Verbesserungen durchgeführt, insbesondere bei den Beispielen. Ich bin dafür vor allem Herrn Dr. Horst Röpke (Berlin) und Herrn Mathias Rehsöft (Gevelsberg) zu Dank verpflichtet.

Bochum, den 7. April 1983 Albert Menne